Adolf Lette

Die Landgemeinde-Ordnung für die sechs östlichen Provinzen

Adolf Lette

Die Landgemeinde-Ordnung für die sechs östlichen Provinzen

ISBN/EAN: 9783743647640

Hergestellt in Europa, USA, Kanada, Australien, Japan

Cover: Foto ©Andreas Hilbeck / pixelio.de

Weitere Bücher finden Sie auf **www.hansebooks.com**

Die

Landgemeinde-Ordnung

für

die sechs östlichen Provinzen.

Von

Dr. Lette.

Präsident des Revisionskollegiums für Landeskultursachen, Mitglied des Norddeutschen Reichs-
tages und Mitglied des Hauses der Abgeordneten.

Berlin, 1867.

C. G. Lüderitz'sche Verlagsbuchhandlung.

A. Charisius.

Nachdem der Verfasser vor einigen Wochen eine Broschüre

„Zur Reform der Kreisordnung und ländlichen Polizei=
verfassung"

der Oeffentlichkeit übergeben hat*), ist er jetzt veranlaßt, auch

„Die ländliche Gemeinde=Ordnung in den
sechs östlichen Provinzen"

folgen zu lassen. Die letztere ist eine Ergänzung jener Vor=
schläge über Fortbildung des Gemeindewesens im Kreise, aus
welcher die Provinzialvertretung naturgemäß hervorgeht. Schon
aber wird ein flüchtiger Blick in den als Anlage mitgetheilten
Entwurf zur Landgemeinde=Ordnung es klar machen, daß, in
Uebereinstimmung mit der Ansicht eines früheren Ministers des
Innern, des Grafen von Schwerin, wie der Kommissionen
des Abgeordnetenhauses vom Jahre 1860 und 1862, die
Gesetzgebung über die Reform der Kreisordnung, und zwar
sowohl zur Begegnung des Mißverhältnisses bezüglich der stän=
dischen Vertretung, als behufs einer gesicherten Selbstverwaltung,
desgleichen die Gesetzgebung über die Reform der ländlichen
Polizeiobrigkeiten, die Reihe zu eröffnen und der Herstellung
der Landgemeinde=Ordnung vorauszugehen hat. Durch jene
Reformen der Kreisordnung und ländlichen Polizeiverfassung
werden allererst geeignete Organe und Grundlagen zur Aus=
bildung des ländlichen Gemeindewesens geschaffen. Das Gesetz
vom 14. April 1856, betreffend die Repristination der ländlichen

---

*) Berlin 1867. C. G. Lüderitz'sche Verlags=Buchh. A. Charisius.

1*

Ortsobrigkeiten, stellt die Selbstständigkeit und Selbstverwal=
tung der ländlichen Gemeinden stets in Frage. Es mag aber
auch ein für allemal hier bemerkt werden, daß, wenn die Kreis=
eingesessenen selber und allerdings vorzugsweise die besitzenden
und intelligenteren Klassen, nicht den Willen oder das Selbst=
vertrauen haben, auch, was mehr ist als bloße Geldbeiträge,
persönliche Leistungen und Opfer an Zeit zu übernehmen, wie
sie mit den vorgeschlagenen Instituten der Selbstverwaltung im
Kreise, mit den zur Reform der Kreisordnung und ländlichen
Polizeiverfassung vorausgesetzten Einrichtungen eines „Kreis=
ausschusses" und von Amtshauptleuten für die Polizeiver=
waltungs=Bezirke des Kreises, verbunden sind, man aufhören
solle, überhaupt von Selbstverwaltung außerhalb der städtischen
Gemeinwesen zu sprechen. Man möge sich dann bei der Ach=
tung beruhigen, welche in großen und kleinen städtischen Gemein=
wesen die aus der Städteordnung von 1808 erwachsene viel=
fache Thätigkeit der Bürger für das Gemeinwohl einflößt; man
möge dann aber weiter auch nicht von konstitutioneller Ver=
fassung und vom Rechtsstaat sprechen, deren lebendige Grund=
lage die Theilnahme der Bürger nicht blos an der Gesetzgebung,
sondern mehr noch an der Landesverwaltung ist.

Wir beginnen mit dem offenen Bekenntniß, daß es nicht
der Zweck dieser Schrift und des ihr beigefügten Entwurfes
zur Landgemeinde=Ordnung ist, eine philosophische Abhandlung
zu liefern über Begriff und Bestimmung der Gemeinden, oder
noch erst das dringende Bedürfniß ausführlich nachzuweisen
zum endlichen Erlaß einer vollständigen, in den sechs östlichen
Provinzen so gut wie ganz mangelnden Landgemeinde=Ordnung,
eines wichtigen, unentbehrlichen Fundaments des deutschen
Rechts= und Verfassungs=Staates. Wir wollen keine idealen
Projekte aufstellen, keine Zukunftspolitik treiben. Unser Zweck
ist vielmehr: dem Lande und dem nächsten Landtage einen

ebensowohl den gerechten Ansprüchen der ländlichen Bevölkerung, als den gegenwärtigen gesellschaftlichen Zuständen entsprechenden, annehmbaren Entwurf zur Landgemeinde=Ordnung der östlichen Provinzen darzubieten.

Die nähere Veranlassung und Legitimation zur Sache durfte der Verfasser in dem Umstande finden, daß er bei der — während der Periode der Reaktion gegen die Gemeinde=Ordnung vom 11. März 1850, im Dezbr. 1853 und Januar 1854 — in der damaligen II. Kammer zusammengetretenen freien Kommission aus den verschiedenen liberalen Fraktionen, als Schriftführer fungirte und demnächst im Auftrage jener freien Kommission die von ihr berathenen „Entwürfe einer Landgemeinde= Ordnung für die sechs östlichen Provinzen der Preußischen Monarchie und eines die ländliche Polizeiverwaltung in diesen Provinzen betreffenden Gesetzes nach den Vorschlägen einer Anzahl Mitglieder der II. Kammer,"*) nach den von ihm geführten Protokollen für die Oeffentlichkeit bearbeitet hat.

Der Anlage ist im Wesentlichen der von der freien Kommission berathene Entwurf der Landgemeinde=Ordnung zum Grunde gelegt. In dieser vom Abgeordneten Frhrn. von Patow präsidirten Kommission waren alle Provinzen durch landes= und sachkundige Männer vertreten, deren unbefangenes Urtheil, deren Erfahrung und Kenntniß der seit 1854 nicht veränderten Bedürfnisse und Verhältnisse auch heute noch für die Angemessenheit des Entwurfes bürgt. Nur in einzelnen Bestimmungen bedurfte dieser Entwurf der Ergänzung und Amendirung; einestheils, weil die Kommission diejenige Kreisordnung, welche später im Jahre 1860 vom Minister Grafen von Schwerin vorgelegt und zweimal von Kommissionen des Abgeordnetenhauses durchberathen und amendirt wurde, noch

---

*) Berlin. Druck und Verlag von Georg Reimer. 1854.

nicht berücksichtigen konnte, anderntheils, weil sich die Kom=
mission „soweit es mit der Verfassungs=Urkunde vom 31. Ja=
nuar 1850 und mit den personalen und realen Rechtsverhält=
nissen, wie sich diese durch Agrar=, Gewerbe=, Steuergesetzgebung
u. s. w. im Laufe eines halben Jahrhunderts gebildet haben,
ferner mit den erkannten wirklichen Zuständen der verschiedenen
Landestheile irgend vereinbar erschien", den damals vom Minister
von Westphalen vorgelegten Regierungs=Entwürfen möglichst
anzuschließen suchte und insoweit selbst mit Verbesserungsanträ=
gen zurückhielt.

Die Lage der Dinge ist jetzt eine andere, man braucht den
Entwürfen der Reaktionsperiode nicht Rechnung zu tragen oder
Concessionen zu machen. Hoffen wir, daß das fast von allen
Parteien erkannte Bedürfniß einer durchgreifenden Reform der
kommunalen Gesetzgebung nunmehr befriedigt werde. Es scheint
selbst jene in einem Berichte der Kommission des Hauses der
Abgeordneten für das Gemeindewesen vom 1. Februar 1856
(Drucksachen Nr. 79) vorherrschende Anschauung „von der ge=
schichtlichen Continuität der Gutsherrschaften als natürlicher
Ortsobrigkeiten über die Dorfbewohner als ihrer Hintersassen"
vor dem Berufe Preußens und dem Verständniß der großen
politischen Bewegung der Gegenwart gewichen zu sein.

Die Ergänzungen und Amendements aber, welche der in
der Anlage beigefügte Entwurf, abweichend von dem Entwurfe
der freien Kommission des Jahres 1854, enthält, dienen theils
zur Ausfüllung von Lücken des letzteren, theils zur Berücksich=
tigung zweckmäßiger Bestimmungen anderer Gemeinde=Ordnun=
gen, insbesondere auch der von 1850.

Wir überlassen die Vergleichung dieser Abweichungen der
Anlage mit dem Entwurfe der freien Kommission von 1854,
und die Einsicht der zu letzterem aus den geführten Protokollen
bearbeiteten Motive in der oben erwähnten Broschüre und be=

merken außerdem nur, daß die fernere Vergleichung der Anlage
mit der Gemeinde-Ordnung vom 11. März 1850, namentlich
mit dem Titel III., welcher von den Gemeinden handelt, welche
nicht mehr als 1500 Einwohner haben, also mit denjenigen
Bestimmungen, die vorzugsweise für die Landgemeinden gelten
sollten, die Ueberzeugung gewähren wird, daß alle wesentlichen
materiellen Bestimmungen der Gemeinde-Ordnung von 1850
sich in der Anlage wiederfinden.

Nach diesen Bemerkungen über die Entstehung und Re-
daktion des dieser Schrift beigefügten Entwurfs ist zunächst die
naheliegende Frage zu erörtern, weshalb es nicht angemessener
erschienen sei, die während der Periode der Gegenströmung
durch das Gesetz vom 24. Mai 1853 aufgehobene Gemeinde-
Ordnung von 1850, wenigstens doch ihren Titel III., als Landgemeinde-Ordnung für die sechs östlichen Provinzen wieder ins
Leben zurückzurufen, wie dies vom Abgeordneten Dr. Waldeck
in der Session des Abgeordnetenhauses von 1862 (Drucksachen
Nr. 34) beantragt worden war.

Auch jetzt vermöchten wir einen solchen Antrag aus materiellen, wie aus formellen Gründen nicht zu befürworten, müssen
vielmehr der Anlage unbedingt vor dem Titel III. der Gemeinde-
Ordnung von 1850 den Vorzug geben.

Allerdings ist auch der Verfasser in Gemeinschaft mit politischen Freunden seit dem Jahre 1851 für die Erhaltung und
Ausführung der Gemeinde-Ordnung von 1850 beharrlich ein-
getreten und er theilt noch die einst sogar vom Minister von
Westphalen (Anfangs März 1851, kurz zuvor als „„mit der
Revolution gebrochen werden sollte"") geäußerte Ansicht, „daß
die Gemeinde-Ordnung von 1850 so viel Spielraum enthalte,
um richtig angewendet, zum Heile des Landes zu gereichen".
Zur Anwendung derselben aber gehörte ein hervorragendes or-
ganisatorisches Talent und Geschick und ein unabhängiger staats-

männischer Geist und Charakter. Denn bestreiten läßt sich an=
dererseits nicht, daß die Gemeinde=Ordnung von 1850 in er=
heblichen Bestimmungen den realen Zuständen in den Dorfge=
meinden, besonders unserer östlichen Provinzen, fremd und wider=
sprechend ist. Zu diesen Bestimmungen gehören unter anderen
namentlich:

1. Das aus der früheren Gemeinde=Ordnung für die
Rheinprovinz vom 23. Juli 1845 übernommene System der
Eintheilung der Wähler nach der Besteuerung in drei Klassen.
Eine Kritik dieses Dreiklassensystems bezüglich der politischen
Wahlen für die Volksvertretung soll hier auf sich beruhen.. Das
Willkürliche und Zufällige dieser Art von Klasseneintheilung,
gleichwie deren Unvereinbarkeit mit der bisherigen, ebensowohl
historischen, als bei weitem rationelleren, zur Zeit nach bestehen=
den Klassentheilung in einer großen Zahl von Landgemeinden,
springt bei einiger Bekanntschaft mit den Verhältnissen unserer
Landbevölkerung auf den ersten Blick in die Augen.

Trotz vielfacher Dismembration und Zusammenziehung von
bäuerlichen Gütern, hat sich in den östlichen Landestheilen der
Mehrzahl nach die alte und eine ganz andere, in der That
ungleich zutreffendere Klasseneintheilung erhalten, bald nämlich
nach den Besitzverhältnissen, wie z. B. von Ganz=, Dreiviertel=,
Halbhüfnern, Groß= und Kleinkossäten, Groß= und Kleinbüdnern,
Gärtnern, Häuslern u. s. w., bald nach der Art und dem Um=
fang der Dienstleistung und Gespannviehhaltung als z. B. von
Vier=, Drei=, Zwei=, Spitzspännern, von Dreschgärtnern, Zehnt=
schnittern u. s. w., bald nach der rechtlichen oder faktischen Besitz=
eigenschaft als z. B. von Bauern, Kossäten, Cöllmischen Be=
sitzern, Eigenkäthnern, Kolonisten u. s. w. Diese Klassenein=
theilung hing nicht blos mit den gutsherrlichen Dienst= und Ab=
gaben=Verhältnissen, sondern auch mit den Steuern und sonstigen
Leistungen an den Staat zusammen. Es schließen sich daran

auch gegenwärtig noch), nach erfolgter Regulirung und Aus=
gleichung der Grundsteuer, die Beitragsverhältnisse an persön=
lichen und Geldleistungen dergestalt an, daß je nach der Orts=
verfassung der verschiedenen ländlichen Kommunen beispielsweise
der Bauer so viel mal mehr als der Kossät, dieser so viel mal mehr
als der Büdner u. s. w. an Kommunalabgaben (meist übrigens
auch an Leistungen für Kirchen und Schulen) beizutragen hat.

So lange die Besitzverhältnisse der einen und andern Ort=
schaft mit den Leistungsverhältnissen überhaupt und soweit mit
diesen die Beiträge an die Kommunen im Einklang stehen, so
lange sie anerkannt und unbestritten sind, hat die Gesetzgebung
Anstand zu nehmen, von oben her durch absolute Normen einzu=
greifen, zumal jene auf einer weit rationelleren Grundlage be=
ruhen, nämlich auf der kommunalen Leistungsfähigkeit und Ver=
pflichtung, als die Eintheilung der Wähler nach den direkten
Staatssteuern. Auch sind die direkten Staatssteuern nicht so
durchaus ein zutreffender Maßstab für die Kommunalleistungen.

2. Die in der Gemeinde=Ordnung von 1850 als Regel
vorausgesetzte Vereinigung der bisherigen Rittergüter oder Do=
mänen=Vorwerke mit den ländlichen Ortsgemeinden würde bei
dem durchschnittlich bei weitem größeren Umfang der ersteren
im Verhältniß zu den bäuerlichen Besitzungen der aus diesen
bestehenden Landgemeinden, gerade den letzteren nicht selten nach=
theilig und unwillkommen gewesen sein. Es würde entweder
der Besitzer des Ritterguts, insbesondere beim Dreiklassenwahl=
system, häufig als alleiniger Wähler in der ersten, oder wohl
auch in der zweiten Abtheilung, die Mehrzahl der Gemeinde=
verordneten zu wählen gehabt und dadurch die Selbstständigkeit
der kleinen Landgemeinde absorbirt haben, oder er würde bei
Einführung annähernder Stimmengleichheit, der Gefahr ausge=
setzt gewesen sein, durch Gemeindebeschlüsse mit Kommunal=
lasten überbürdet zu werden.

3. Indem die Gemeinde-Ordnung von 1850 die westlichen und östlichen Landestheile unter einer uniformen Schablone zusammenzufassen versuchte und viele Bestimmungen aus den bisherigen Gemeinde-Ordnungen der westlichen Landestheile entnahm, kam sie zu vagen und mitunter schädlichen Sätzen, so unter anderen z. B. im §. 46, wegen der im Osten auf dem platten Lande bis dahin unbekannten Einzugs- und Hausstandsabgaben, ferner im §. 126 wegen der — ihr zufolge — fortan selbst in den westlichen Provinzen überall fakultativen Bildung von Sammtgemeinden.

Außerdem aber würde durch sie der Einfluß des Landraths auf das ländliche Gemeindewesen, zum Schaden der kommunalen Selbstverwaltung eher vermehrt und befestigt worden sein.

Der Wiederinkraftsetzung der Gemeinde-Ordnung vom 11. März 1850 stehen heutzutage aber mehr noch formelle und allgemeine politische Gründe entgegen.

Seit 1850 ist eine Anzahl von Gemeindegesetzen ergangen, von denen einige StädteOrdnungen der Gemeinde-Ordnung von 1850 in der That vorzuziehen sind. Alle diese Gesetze müßten wieder aus der Welt geschafft werden und darauf war auch der Antrag des Abgeordneten Dr. Waldeck in der Session 1862 (Drucksachen Nr. 34) ausdrücklich gerichtet.

Dahin gehören die Städte-Ordnungen vom 30. Mai 1853 für die sechs östlichen Provinzen, vom 31. Mai 1853 für die Städte in Neuvorpommern und Rügen, die Städte-Ordnung vom 19. März 1856 für die Provinz Westphalen, die Städte-Ordnung vom 15. Mai 1856 für die Rheinprovinz, sodann die Landgemeinde-Ordnung vom 19. März 1856 für die Provinz Westphalen und das Gesetz vom 15. Mai 1856 nebst Gemeinde-Ordnung vom 23. Juli 1845 für die Rheinprovinz.

Wir bezweifeln nicht das Bedürfniß einer Verbesserung dieser verschiedenen kommunalen Gesetze im Sinne der bürger-

lichen Freiheit und Selbstverwaltung, insbesondere der Rheini=
schen und Westphälischen Landgemeinde=Ordnung. Auch sind
Gesetzentwürfe dieserhalb von dem Abgeordneten v. Bockum=
Dolffs und einer Anzahl anderer Abgeordneten aus den beiden
Provinzen Rheinland und Westphalen im Jahre 1861 (Druck=
sachen Nr. 116) und in der ersten Session des Jahres 1862
(Drucksachen Nr. 107) eingebracht, und wurde namentlich der
Gesetzentwurf Nr. 107 laut Kommissions=Bericht vom 3. Sep=
tember 1862 (Drucksachen Nr. 140) einer ausführlichen Kom=
missions=Berathung im Abgeordnetenhause unterworfen. Diese
Vorschläge Rheinischer und Westphälischer Abgeordneten gingen
aber keineswegs auf Herstellung der Gemeinde=Ordnung von
1850 hinaus, sie weichen vielmehr von derselben in manchen
Stücken durchaus ab. Man erwarte daher die Verbesserung
der Landgemeinde=Ordnungen jener westlichen Provinzen, gleich
der der Städte=Ordnungen, von der weiteren legislativen Be=
rathung. Man befriedige sich hingegen damit, daß ohne Uni=
formität des Buchstabens der gleiche Geist bürgerlicher Freiheit
und Selbstverwaltung die verschiedenen Gemeinde=Ordnungen
erfülle, und concentrire seine Kräfte auf die Uebereinstimmung
der Gemeindegesetzgebung bezüglich der wesentlichen Zwecke des
kommunalen Lebens und vor allem auf die baldige Herstellung
der den ländlichen Kommunen der östlichen Provinzen so gut
wie ganz fehlenden Gemeinde=Ordnung, ohne den auch inner=
halb des modernen Staates sehr wohl zulässigen Eigenthüm=
lichkeiten der verschiedenen Gemeinden und der freien Bewegung
und Entwickelung im Kommunalwesen Gewalt anzuthun. Dem
korporativen Leben der Gemeinden ist der Absolutismus der
Französischen Republik und des Convents ebenso verderblich
geworden, wie der eines Ludwig XIV. mit seinem Prinzip
l'état c'est moi. Deshalb will auch der angeschlossene Gesetz=
Entwurf den Landgemeinden die einst allen freien Deutschen

Gemeinden beiwohnende Autonomie, nur innerhalb der Schran=
ken des modernen Staates, bewahrt wissen.

Demnächst aber wird es wohl Niemandem zweifelhaft er=
scheinen, daß die Wiederinkraftsetzung der Gemeinde=Ordnung
vom 11. März 1850 unter Beseitigung aller inzwischen ergan=
genen oben gedachten Städte= und Landgemeinde=Ordnungen
nicht der kürzeste Weg sei zur Verbesserung der letzteren und
sicher nicht zur ungesäumten Herstellung einer angemessenen Land=
gemeinde=Ordnung für die östlichen Provinzen. Wer diese letz=
tere als ein dringendes Bedürfniß erkennt, wird sich zu beschei=
den und seine Thätigkeit diesem nächsten praktischen Ziele zu
widmen haben.

Andererseits war der mehrmals erneuerte Versuch des Mi=
nisteriums v. Westphalen: für jede der sechs östlichen Pro=
vinzen nach dem voreilig, d. h. schon vor gesetzlicher Wieder=
herstellung der früheren Provinzialverfassungen, vernommenen
Gutachten der verschiedenen Provinzialstände, sechs besondere
provinzielle Gemeinde=Ordnungen zu erlassen, nicht minder ver=
fehlt. — Derselbe zeugte von der Unkenntniß der realen Zu=
stände des Landes, welche man doch vorzugsweise als Motiv
für die gesonderte Provinzialgesetzgebung im Kommunalwesen
betrachtete und anzusehen Veranlassung gehabt hatte. Es genügt
dieserhalb eine kurze Betrachtung der sehr verschiedenartigen Ver=
hältnisse, welche bei der Kommunalgesetzgebung nicht unerwogen
bleiben dürfen, der Boden=, Besitz=, Kultur=, Sitten=, Lebens=,
Nationalitäts= und sonstigen Verhältnisse innerhalb derselben
Provinzen. Diese Erwägung wurde 1854 in der freien Kom=
mission angestellt und wir lassen die Thatsachen, um nichts
eigenes dazuzuthun, aus den Motiven des Entwurfs jener
Kommission zur ländlichen Gemeinde=Ordnung wörtlich folgen:

Die Provinz Preußen besteht nicht blos aus mehreren
verschiedenen Volksstämmen, ferner aus Landestheilen, welche

zu verschiedenen Zeiten, theilweise erst 1772 und 1793 erwor=
ben, später theils verloren gegangen und wieder erworben sind,
sondern auch in Bezug auf Bodenbeschaffenheit, Lage und Kul=
turart und die dadurch bedingte Bodenvertheilung, ferner selbst
in Betreff der früheren Besitzrechte und Dorfsverfassungen aus
durchaus heterogenen Landstrichen. Es walten die erheblichsten
und eigenthümlichsten Unterschiede ob in Bezug auf die Bevöl=
kerungs=, Anbau=, Kulturverhältnisse u. s. w. z. B. in der schon
im 13. Jahrhundert vom deutschen Orden zu deutschem — d. h.
Eigenthumsrecht kolonisirten Weichselniederung mit ihren Wer=
dern, wo sich auf einigen 20 Quadrat=Meilen nur ein und
noch dazu ganz unbedeutendes Rittergut vorfindet, während in
andern Kreisen der Provinz, besonders in Ostpreußen z. B.
Friedland, Rastenburg, Preuß. Eylau, unter eine große Anzahl
von Rittergütern wenige bäuerliche Gemeinden eingestreut sind,
wiederum in Bezug auf die deutschen und die polnischen Höhe=
Kreise des Danziger Regierungsbezirks und des übrigen West=
preußens, z. B. der Tuchelschen Heide, wiederum in Bezug auf
Littauen, wo im Bauernstande noch die erst allmälig verschwin=
dende Sprache und Sitte der Vorfahren herrscht, strichweise
aber unter Friedrich Wilhelm I. die um ihrer Religion willen
vertriebenen Salzburger angesessen sind und wo die Separationen
vorzugsweise Abbau und Vereinzelung der Höfe zur Folge ge=
habt haben, wiederum in dem angrenzenden Masuren mit pol=
nisch redender aber evangelischer Bevölkerung und wiederum in
dem nahen Ermelande mit katholischer aber deutsch redender
Bevölkerung.

Während sich in vielen Theilen der Provinz (vorzugsweise
selbst in Masuren) ganze Dörfer von altersher freier Cöllmer
befinden, die sogar neben den Besitzern abliger Güter auf den
Landtagen erschienen, überwiegt in andern die Zahl der Königl.
Ortschaften, deren Wirthen zum Theil erst im Jahre 1808 das

Eigenthum verliehen wurde, wogegen es außerdem auch ganze Ortschaften giebt, die nur aus kleinen Grund= und Hausbesitzern, aus sogenannten Eigenkäthnern bestehen, wiederum aber andere Dorfschaften, die aus sehr verschiedenen Klassen vormals freier und unfreier ländlicher Besitzer in mannichfacher Abstufung von Frohn= und Schaarwerksbauern u. s. w. gemischt sind.

Während durch die Separationen das Gemeindewesen vieler Höhedörfer fast aufgelöst und hauptsächlich nur noch das Kirch=spiel und die gemeinschaftliche Schule ein Band der kommu=nalen Einigung bildet, haben sich in den eingedeichten Niede=rungen den Sammtgemeinden ähnliche Kommunalverbände er=halten, indem von altersher bis zur Jetztzeit hin in der gleichen Wassersgefahr die fortdauernde Aufforderung zu gemeinsamem Handeln und Zusammenstehen vorlag.

Auch unter den Landgemeinden der Provinz Branden=burg sind die früheren, wie die gegenwärtigen Gewerbe= und Bevölkerungs=Verhältnisse sehr verschiedenartig gestaltet und würde eine Gemeinde=Ordnung mit wenigen lückenhaften Be=stimmungen einer großen Zahl von Ortschaften nicht genügen, z. B. im Oder= und Warthebruch, wo es deren selbst mit über 1000 bis 1500, beispielsweise Letschin mit mehr als 2600 Ein=wohnern und fast städtischem Gewerbebetriebe giebt.

Die Neumärkischen Kreise Crossen und Züllichau, vormals Theile von Schlesien, haben noch jetzt in Bezug auf Landesart und Agrar=Verfassung mehr Aehnlichkeit mit Schlesien, wie mit der Neumark. In der Niederlausitz und zumal in deren Wen=dischen Gegenden kommen viele von der Märkischen Art sehr abweichende Eigenthümlichkeiten vor.

Daß in Nieder= und Ober=Schlesien und in Ober=Schlesien wiederum im Polnischen Theile rechts der Oder und im Deutschen Theile links der Oder, daß in den Gebirgskreisen, theils mit wohlhabender Fabrik=, theils mit armer Weber=Be=

völkerung, desgleichen in der erst nach 1815 mit Schlesien zu einem Provinzial-Bezirk vereinigten Oberlausitz sich in Bezug auf die Elemente des Gemeindewesens und die Bevölkerungs-Verhältnisse der ländlichen Orte mannichfach abweichende Eigenthümlichkeiten darbieten, ist bekannt. Einem Dorfe, wie Langenbielau, mit fast 12000 Einwohnern, und ähnlichen, stehen auch in Schlesien Ortschaften von kaum 100 Einwohnern mit wenig grundbesitzenden Gemeindegliedern gegenüber.

Im Großherzogthum Posen herrscht hinsichtlich der auf das Gemeindeleben einflußreichen Eigenthümlichkeiten, sei es bezüglich der älteren Dorf-Verfassung, Gewohnheit und Sitte, sei es bezüglich der Kultur- und Besitzzustände, — häufig geringe Verwandtschaft zwischen den deutschen und meist evangelischen Landstrichen an der Grenze der Mark und von Schlesien oder dem Netz-Distrikt oder manchen in die ganze Provinz eingestreuten, durch Einwanderung entstandenen Hauländereien einerseits und den übrigen adlig-polnischen Dörfern andererseits.

Selbst in Pommern unterscheiden sich die vormals polnischen sogenannten Hinterkreise mit ihren Dörfern aus kleinen adligen Gütern (den Slachtzitzen) in Beziehung auf Besitzrecht, Kultur, Sprache und Sitte sehr wesentlich von anderen Landestheilen, z. B. den Bauergemeinden im sogenannten Weizacker zwischen Stargard und Pyritz, ferner im Oderbruch), und diese und andere Gegenden wiederum von Neuvorpommern, wo seit Aufhebung der Leibeigenschaft, seit dem Jahre 1810, auf den adligen Gutsbezirken die Bauern verschwunden und neben Tagelöhnern nur wenige Eigenkäthner zu finden sind. Die bis 1815 Neumärkischen Kreise Dramburg und Schievelbein nahmen früher an einer von der Pommerschen verschiedenen Landesverfassung Theil und werden bezüglich des provinzialständischen Verbandes noch jetzt zur Mark Brandenburg gezählt.

Weit größere Unterschiede und Gegensätze in Bezug auf

das, was man provinzielle Eigenthümlichkeiten nennen kann, walten in der Provinz Sachsen ob.

Die auf die Ausbildung des Gemeinwesens einflußreichen Verhältnisse haben sich anders in den vormals Königl. Säch= sischen, als in den Altpreußischen Landestheilen, ebenso anders in Thüringen, als im Herzogthum Magdeburg diesseit und jenseit der Elbe, noch anders in dem gebirgigen vormals Kur= mainzischen Eichsfelde, als in der goldenen Aue und in den Ebenen der Elbe und rechts derselben gestaltet. So herrschte im Eichsfelde von altersher Theilbarkeit der Grundstücke, und der meist wenig fruchtbare Boden nährt nur ärmlich seine große Bevölkerung, die zum Theil wandernd auswärts Verdienst sucht, wogegen sich bei gleicher Bodenvertheilung in der näheren Um= gegend von Erfurt eine Klasse kleiner Grundbesitzer, die theils mit einer Mehrzahl größerer Ackerwirthe vermischt, theils aus= schließlich oder doch überwiegend die Gemeinde bildet, durch Gartenbau und Spatenkultur zu Wohlstand emporgearbeitet hat. Während im weitaus größten Theile des Regierungs= bezirks Merseburg und im ganzen Regierungsbezirk Erfurt sich von alter Zeit her wenig geschlossene Höfe vorfanden, vielmehr die überwiegend größte Masse des Grundbesitzes aus Wandel= äckern oder sogenannten walzenden Grundstücken besteht, aus denen gleichwohl größere Bauergüter zusammengesetzt sind, be= steht in den östlichen Gegenden der Provinz, besonders diesseit der Elbe, früher zufolge des Gesetzes, jetzt zufolge der Sitte, Geschlossenheit der Höfe und gleicht auch zur Zeit deren Agrar= zustand und deren Lebensweise weit mehr denen der Mark als denen der südlichen und westlichen Kreise der Provinz.

In allen Provinzen sind namentlich die Bevölkerungs=Ver= hältnisse der einzelnen Landgemeinden durchaus abweichend. Zufolge der bei Berathung der Gemeinde=Ordnung von 1850 vorgelegten Statistik hatten

I. in Ostpreußen von 6166 Landgemeinden:
2155 unter   100 Civil-Einwohnern,
3790 von   100 — 500   =
209   =   500—1000   =
nur 11 zwischen 1000 u. 2500   =
und 1   =   2500 u. 5000   =

II. in Westpreußen von 3774 Landgemeinden:
1719 unter   100 Civil-Einwohnern,
1812 von   100 — 500   =
228 =   500—1000   =
und nur 15 = 1000—2500   =

III. in Posen von 3481 Landgemeinden:
610 unter   100 Civil-Einwohnern,
2618 von   100 — 500   =
240 =   500—1000   =
und nur 13 zwischen 1000 u. 2500   =

IV. in Brandenburg von 4114 Landgemeinden:
1065 unter   100 Civil-Einwohnern,
2698 von   100 — 500   =
304 =   500—1000   =
nur 44 zwischen 1000 u. 2500   =
und 3 von   2500—5000   =

V. in Pommern von 3405 Landgemeinden:
948 unter   100 Civil-Einwohnern,
2254 zwischen 100 — 500   =
186 =   500 u. 1000   =
und nur 17 = 1000 u. 2500   =

VI. in Schlesien von 5562 Landgemeinden:
421 unter   100 Civil-Einwohnern,
3667 zwischen 100 u. 500   =
1176 =   500 u. 1000   =
286 =   1000 u. 2500   =

2

nur 11 zwischen 2500 u. 5000 Civil=Einwohnern,

und 1 über 5000 =

VII. in der Provinz Sachsen von 3220 Landgemeinden:

499 unter 100 Civil=Einwohnern,

2160 zwischen 100 u. 500 =

414 = 500 u. 1000 =

139 = 1000 u. 2500 =

und 8 über 2500 =

Wahrscheinlich sind bei diesen Bevölkerungs=Angaben über=
dies Guts= und Gemeindebezirke desselben Orts und Dorfes
nicht von einander getrennt.

Werfen wir im Anschluß hieran auch noch einen Blick auf
die Guts= und ländlichen Polizeibezirke der östlichen Provinzen.
Die Zahl der Rittergüter in den östlichen Provinzen wird
(neben 26,879 ländlichen Gemeinden) auf 11,714, die der fis=
kalischen und anderen Gutsbezirke auf 3456, die der selbstftän=
digen Gutsbezirke excl. Rittergüter, Domänen und Staatsforsten
auf 2501, hierunter die mit weniger als 2000 Rthlrn. Rein=
ertrag auf 2313 angegeben. (S. Jahrbuch für die amtliche Sta=
tistik des Preußischen Staats, herausgegeben vom statistischen
Büreau. Erster Jahrgang, I. Th. S. 48., 122 ff. und 133.)

Sodann existirten zufolge der Justiz=Verwaltungsstatistik
des Preußischen Staats vom Geheimen Ober=Justizrath Starke
(Berlin 1839) an kleineren Patrimonial=Gerichten, d. h. mit
weniger als 1500 Gerichts=Eingesessenen, und mithin
gegenwärtig nach Aufhebung der Patrimonial=Gerichtsbarkeit,
an dergleichen selbstständigen gutsobrigkeitlichen Polizeiverwal=
tungen: .

1) im Departement des Tribunals zu Königsberg . . 724

2) = = = Obergerichts in Insterburg . 1743

3) = = Marienwerder 476

4) = = Stettin 445

5) im Departement Cöslin 712

6) = = Breslau 894

7) = = Ratibor 388

8) = = Glogau 598

9) = = des Kammergerichts zu Berlin . 599

10) = = Frankfurt a. O. 598

11) = = Magdeburg 147

12) = = Halberstadt 13

13) = = Naumburg 453

Daneben gab es nur eine sehr geringe Zahl von Patrimo=
nial=Gerichten und giebt es mithin zur Zeit eine ebenso geringe
Zahl gutsherrlicher Polizeiverwaltungen mit mehr als 1500
Einwohnern. Besondere Polizeiverwaltungen würde es hiernach
in den östlichen Provinzen im Ganzen noch 7884 geben.

Unter jenen Einwohnerzahlen befinden sich übrigens unge=
trennt die Eingesessenen der Gutsbezirke, wie der zugehörigen
Landgemeinden. Die Zahl von 1500 Einwohnern mehr und
weniger entspricht dem Bevölkerungsverhältniß keineswegs. Die
meisten Orte und Polizeiverwaltungen haben nicht über 500
Einwohner.

In verschiedenen Provinzen waren theils ortschaftsweise,
theils innerhalb derselben Ortschaft die verschiedensten Besitz=
und damit zusammenhängenden Dienst= und Personalverhältnisse
gemischt. So gab es früher im Regierungs=Bezirk Gumbinnen
(Littauen) an 1185 königliche, 158 adlige Bauerndörfer,
590 Cöllmer= und ältere Freidörfer und 737 gemischte Dörfer
von Cöllmern, Emphyteuten, vormaligen Scharwerksbauern u. s. w.,
dabei 260 adlige Vorwerke. Trotz der Umwandlung der Besitz=
und Eigenthums=Verhältnisse, seit die Verordnung vom 9. Oktober
1807 und das Landes=Kultur=Edikt vom 14. September 1811 die
Geschlossenheit, insbesondere der bäuerlichen Güter, aufhoben
und einerseits freie Theilbarkeit, andererseits die Zusammen=

2*

ziehung mehrerer Güter, auch vom Bauerland zum Vorwerks=
acker gestatteten, und seit gutsherrliche Frohnden, Laudemien,
Zehnten u. s. w. abgelöst, endlich in Ostpreußen schon 1808 die
Domänenbauern Eigenthümer ihrer Nahrungen wurden, seit
dem Regulirungs=Edikt vom 14. September 1811 aber die
bäuerlichen Höfe in vollkommen freies, dem gemeinen Erbrecht
unterworfenes Eigenthum verwandelt worden, — ist dennoch
jenes alte verschiedenartige und abgestufte Besitzverhältniß in
Bezug auf Kommunal=Rechts= und Verpflichtungs=Verhältnisse
vielfach erkennbar und maßgebend geblieben.

Wie wenig die einem bestimmten Parteistandpunkt eigen=
thümliche Liebhaberei für Provinzialgesetzgebung im Kommunal=
wesen durch die wirklichen Zustände des Landes gerechtfertigt
wird, ergab sich ferner am besten aus einer vergleichenden Prü=
fung der vom Minister von Westphalen vorgelegten sechs beson=
deren Provinzial=Ordnungen und der sie begleitenden provinzial=
ständischen Gutachten selber. Für die Lücken des einen und die
Abweichungen des anderen Entwurfs waren durchaus keine
realen, in verschiedenartigen Landesverhältnissen etwa begrün=
deten Motive erfindlich.

Die Provinzen sind erst 1815, und zwar wesentlich als
Verwaltungs=Bezirke, eingerichtet.

Die Regierung selbst schien damals, als sie in der Legis=
latur=Periode von 1851—1852 unter anderen Entwürfen auch
gemeinsame Hauptgrundsätze für eine Landgemeinde=Ordnung der
sechs östlichen Provinzen in der ersten Kammer vorlegte, davon
auszugehen, daß eine alle diese Provinzen gleichzeitig und auf
gleiche Weise umfassende ländliche Gemeinde= und Polizei=Ver=
fassung nicht blos zulässig, sondern auch angemessen sei, und es
ging sogar die erste Kammer in dieser Richtung über die Re=
gierungs=Vorlage hinaus, indem sie den Regierungs=Entwurf
jener Hauptgrundsätze von 29 §§. auf 67 §§. erweiterte.

Auch das Allgemeine Preußische Landrecht, welches auch
die Verhältnisse der Dorfgemeinden (Tit. 7 Thl. II. Abschnitt II.
§§. 18—86) generalisirte und unter allgemeingültigen Bestim=
mungen zusammenfaßte, verwies dabei durchaus zutreffend, nicht
auf Provinzial=Verfassungen, sondern auf Ortsverfassung, auf
Ortsherkommen oder spezielle Verträge. Dies insbesondere hin=
sichtlich des Klassenverhältnisses der Wirthe und der damit zu=
sammenhängenden Kommunal=Rechte, Abgaben und Dienste.

Es ist nur zuzugeben, daß allerdings im Allgemeinen Un=
terschiede bezüglich der Gemeindeverhältnisse einerseits der west=
lichen und andererseits der östlichen Provinzen, der letzteren
wenigstens von der Elbe ab bis zur Memel, vorhanden sind
und in der ursprünglichen Entstehung und weiteren Entwickelung
der ländlichen Gemeinden ihren Grund haben. Dort nämlich
erwuchsen die Gemeinden aus den Markengenossenschaften, deren
Realvermögen nur zu einem Theile Interessenten=Vermögen
blieb, zum andern Theile in Korporations=Vermögen der Ge=
meinden überging, so daß noch gegenwärtig viele ländliche Ge=
meinden, vorzugsweise der Rheinprovinz, nicht unbedeutendes
Korporations=Vermögen besitzen. Dagegen bildeten in den oben=
bezeichneten östlichen Landestheilen des Staates Deutsche Ein=
wanderung und Kolonisation mit Zutheilung bestimmter Grund=
stücke und allenfalls gemeinsamer Benutzung von Interessenten=
Waldung und Hutung, die Grundlage des ländlichen Gemein=
wesens. Daher kommt in diesen östlichen Landestheilen eigent=
liches Korporations=Vermögen bei den ländlichen Gemeinden
fast gar nicht vor. Ein fernerer Unterschied zwischen den Kom=
munalverhältnissen der westlichen und der östlichen Provinzen,
welcher insbesondere auch bei der Bildung von Sammtgemein=
den und bei der Frage ins Gewicht fällt: ob eine solche Bil=
dung obligatorisch und zwangsweise durch das Gesetz vorge=
schrieben, oder in der Fortbildung der Verhältnisse der frei-

willigen Vereinbarung der einzelnen benachbarten Gemeinden
und Gutsbezirke überlassen werden soll? beruht darin, daß in
den westlichen Provinzen die Eintheilung des Landes in Aemter,
später in den der Französischen und Großherzoglich=Bergischen
wie Westphälischen Fremdherrschaft unterworfen gewesenen Lan=
destheilen, in Mairien und Municipalitäten, bis zur Herstellung
landräthlicher Kreise infolge der Verordnung wegen verbesserter
Einrichtung der Provinzialbehörden vom 30. April 1815, fast
überall die Grundlage der administrativen Verwaltung und
Polizeiverfassung war und daß, was dort an Sammtgemeinden
existirt, sich .im Anschluß an diese Aemterverfassung herausge=
bildet hat, während dagegen in den östlichen Provinzen der
Mittelpunkt einer Vereinigung von größeren oder Rittergütern
und ländlichen Gemeinden zu öffentlichen Leistungen schon seit
länger als einem Jahrhundert in den Kreisen lag. Die Orts=
Polizei=Obrigkeit aber war in diesen östlichen Provinzen, allge=
mein seit dem dreißigjährigen Kriege, in der Form eines Pri=
vatrechts, Zubehör der allmälig, durch Einziehung von Bauer=
land zum Dominial=Fundus, weit über die Besitzthümer der
bäuerlichen Mitglieder der Landgemeinde hinausgewachsenen
Rittergüter.

Was dagegen die ländlichen Gemeinden betrifft — auch
das wollen wir noch hervorheben — so war bis zur neuern
Agrar= und Kultur=Gesetzgebung jede ländliche Gemeinde, zu
der nach §. 18 Tit. 7 Thl. II. des A. L. R. nur die Besitzer
der in einem Dorfe oder in dessen Feldmark gelegenen bäuerlichen
Grundstücke gehörten, hauptsächlich durch das gemeinsame Band
der landwirthschaftlichen Interessen zusammengehalten. Dasselbe
bestand in der gemeinschaftlichen Benutzung theils von soge=
nanntem Interessenten=Vermögen, an Hutung, Holzung, Torfstich
u. s. w., insbesondere in den wechselseitigen Grundgerechtigkeiten
auf den im Uebrigem in privativem Besitz befindlichen Hufen=

grundstücken. Die ländlichen Gemeinden charakterisirten sich so als Wirthschaftsgemeinden im engeren, privatrechtlichen Sinne. Dies gemeinsame Band nun ist zufolge ein und derselben gleichartigen Gesetzgebung, durch die Aufhebung der wechselseitigen Servituten, durch die Separationen (Gemeinheitstheilungen mit Servitutablösung und Ausscheidung, bez. Zusammenlegung der Hufen und Landstücke der einzelnen Besitzer), jetzt fast überall vollständig gelöst. Damit ist der Charakter der ländlichen Ge= meinde als Wirthschaftsgemeinde in dem engeren Sinne ver= schwunden. Jene früheren ökonomischen Verhältnisse aber bil= deten vorzugsweise den Mittel= und Schwerpunkt des ländlichen Gemeinwesens. Denn in ihrem öffentlichen Verhältnisse zum Staate waren die Landgemeinden zumeist unmündig und durch den Gutsherrn bevormundet und vertreten. Aber auch die Verhältnisse zum Gutsherrn, in denen sich allmälig öffentliches und Privatrecht verschmolzen hatte, sind durch die Ablösung von Diensten und Leistungen mannichfacher Art aufgelöst und ist damit das persön= liche und dingliche Abhängigkeits=Verhältniß zu demselben auf= gehoben. Die ländliche Gemeinde tritt gegenwärtig als selbst= ständige Korporation mit öffentlichen Rechten und Pflichten dem Staate gegenüber. Die Pflege von Armen und Gebrech= lichen und großentheils in der Mehrheit der östlichen Provin= zen auch der Wegebau, wie manche andere Angelegenheit, welche früher dem Gutsherrn oder, wie es in den desfallsigen älteren Verordnungen promiscue heißt, der Orts= oder Polizei=Obrig= keit, oblag, fielen der, seit 1809 mehr und mehr vom separir= ten Gutsbezirk getrennten Landgemeinde zu, während der Guts= bezirk seine eigenen gesonderten Kommunalpflichten, so z. B. in dem Gesetz über die Verpflichtung zur Armenpflege vom 31. De= zember 1842 diese der Landgemeinde analoge Verpflichtung für die innerhalb des Gutsbezirks angesessenen oder wohnhaften Einwohner überkam.

Endlich soll es nicht unerwähnt bleiben, daß bei Gelegen=
heit der gutsherrlich=bäuerlichen Regulirungen und Separatio=
nen von den damit befaßten Auseinandersetzungs=Behörden
(General=Kommissionen und landwirthschaftliche Regierungs=
Abtheilungen), der ihnen gesetzlich obliegenden Pflicht gemäß,
vermöge der die Verhältnisse theils zum früheren Gutsherrn,
theils der Gemeindeglieder unter sich ordnenden Rezesse, auch
die Beitrags=Verhältnisse zu den Kommunal= und Societäts=
lasten zum Theil neu festgestellt worden sind, daß somit diese
Verhältnisse theilweise auf Verträgen beruhen, deren Art und
Bedeutung es in nicht wenigen Fällen controvers läßt, wie
weit sie als spezielle Rechtstitel einer durchgreifenden allge=
meinen gesetzlichen Anordnung im Wege stehen.

Nachdem wir in den obigen thatsächlichen Bemerkungen
und Betrachtungen zugleich die wesentlichen Motive für die
meisten Bestimmungen des empfohlenen Entwurfs zur Land=
gemeinde=Ordnung für die östlichen Provinzen (der Anlage)
dargelegt und zusammengefaßt haben, wird sich aus denselben
aber auch zur Evidenz ergeben, einerseits, daß eine gemeinsame
Landgemeinde=Ordnung für die sechs östlichen Provinzen nicht blos
zulässig, sondern auch, daß allein eine solche gemeinsame
Ordnung für diese Landestheile angemessen ist, andererseits,
daß diese Landgemeinde=Ordnung nur einen allgemeinen auf
die sehr verschiedenartigen Verhältnisse innerhalb jeder einzel=
nen Provinz passenden und anwendbaren Rahmen und daher
auch nur die hauptsächlichen Grundbestimmungen enthalten darf,
so daß sie demgemäß den mannichfachen individuellen Verhält=
nissen genügenden Spielraum zur freien Bewegung und Fort=
bildung des ländlichen Kommunalwesens zu gewähren, sich ins=
besondere auch zu hüten hat, in lebenskräftige, mit den realen
Zuständen erwachsene und ihnen noch gegenwärtig zusagende

Verhältnisse durch einseitige Doktrinen und abstrakte Prinzipien gewaltsam einzugreifen.

Die ländliche Bevölkerung ist bekanntlich allen Neuerungen und Veränderungen eingelebter Rechts- und Sittenzustände abgeneigt. Die fortbildende Gesetzgebung verfährt um so richtiger, wenn sie sich auf das Nothwendige und auf Beseitigung der allgemein empfundenen und erkannten Mängel im Gemeindewesen beschränkt. Wir haben es auch vermieden, wie es in früheren Gemeinde-Ordnungen geschehen war, einen allgemeinen prinzipiellen oder subsidiären Kontributionsfuß, etwa die Grund- und Klassensteuer oder die direkten Staatssteuern überhaupt, als Maßstab für die Aufbringung der Kommunal-Leistungen und Abgaben vorzuschreiben, obwohl wir es für angemessen halten, daß als Maßstab der Kommunalbesteuerung hauptsächlich und vor Allem (gleich wie in England und der Nordamerikanischen Union) das Grundvermögen zu betrachten ist. Bei der Uebertragung der Kommunallasten kommt es zugleich wesentlich darauf an, welchen Mitgliedern oder Klassen von der einen oder andern Einrichtung ein besonderer Vortheil erwächst. Leistungen der Mitglieder und Gegenleistung der Kommunen sollen Correlate sein. Um so weniger schien es angemessen, der Aus- und Fortbildung dieses richtigeren Gesichtspunkts der Aufbringung und Vertheilung von Kommunalsteuern die Wege zu verschränken.

Wir wenden uns nunmehr noch zur Motivirung einiger wichtiger specieller Bestimmungen der anliegenden Landgemeinde-Ordnung, insbesondere auch solcher, bezüglich deren die Anlage vom Entwurf der freien Kommission des Jahres 1854 abweicht.

Wenn wir in Uebereinstimmung mit dem §. 18 Tit. 7 Thl. II. des Allgem. Landrechts' jeden Besitzer von Grundstücken innerhalb des Gemeindebezirks ohne Rücksicht auf die Größe seines Grundeigenthums, also nicht etwa blos den Hausbesitzer,

als stimmberechtigtes Mitglied der Gemeinde anerkennen, so
konnte doch andererseits der besitzlose, aber selbstständige Hand=
werker, Rentier u. s. w. vom politischen Gemeinderecht nicht
ausgeschlossen werden, nachdem seit länger als einem halben
Jahrhundert, in Folge der Preußischen Agrar= und Gewerbe=
gesetzgebung, Handwerke und Fabriken sich an vielen Orten auf
dem platten Lande angesiedelt haben.

Ferner sollen in Zukunft nicht mehr allein die Besitzer
von Bauerhöfen u. s. w., bezüglich die Mitglieder der alten
Realgemeinde, wie dies noch an vielen Orten nur der Fall ist,
stimmberechtigt sein, sondern es sollen fortan auch alle kleine=
ren Grundbesitzer, namentlich also auch die Neuanbauer an
den politischen Gemeinderechten theilnehmen. Dies bestimmt
§. 16 Nr. 1 in Verbindung mit §. 10 IV. d. 1 des anliegen=
den Entwurfs.

Dagegen erscheint es gerechtfertigt, hinsichtlich der besitz=
losen Einwohner das politische Gemeinderecht als Regel an
einen jährlichen Klassensteuersatz von mindestens 4 Thalern
und nicht weniger zu knüpfen; dagegen aber auch andererseits
zu bestimmen (§. 56), daß unangesessene nicht stimmberechtigte
Einwohner der 1. 2. und 3. Steuerstufe der ersten (niedrig=
sten) Hauptklasse (§. 9 a. 1. 2. 3. Gesetz vom 1. Mai 1851
betr. die Einführung einer Klassen= und klassificirten Einkom=
mensteuer) in der Regel und im Allgemeinen zu den Gemeinde=
ausgaben beizutragen nicht verbunden sind, sondern nur aus=
nahmsweise dazu verpflichtet sein sollen, wenn Einrichtungen,
von denen auch sie besondere Vortheile haben, getroffen und
zu deren Herstellung eigene Gemeindeabgaben erhoben werden.
Denn nach §. 7 des oben erwähnten Gesetzes vom 1. Mai 1851
umfassen die drei Unterstufen der niedrigsten Hauptklasse außer
den gewöhnlichen Lohnarbeitern, den Handwerksgesellen, dem
gewöhnlichen Gesinde und den Tagelöhnern, abgesehen von

den Grundstücksbesitzern, — Gewerbtreibende, welche nach dem Umfange und der Beschaffenheit ihres Gewerbes durch das hierdurch gewährte Einkommen nicht selbstständig bestehen kön= nen und sich daher noch Nebenverdienst, namentlich durch Tage= lohn oder diesem ähnliche Lohnarbeit suchen müssen. Allererst zur zweiten Hauptklasse sollen — abgesehen von den unbedingt als stimmberechtigte Gemeindemitglieder anzuerkennenden klei= neren Grundeigenthümern, diejenigen Gewerbtreibenden (auch Grundstückspächter u. s. w.) zur Klassensteuer eingeschätzt wer= den, welche aus dem ihnen zufließenden Ertrage ihrer Beschäf= tigung und ihres Berufs schon selbstständig zu bestehen im Stande sind.

Leute der ersteren Art haben zu Kommunalleistungen nichts übrig, ziehen erfahrungsmäßig häufig von einem Orte zum andern und nehmen an der Gemeinde=Korporation und ihrem Gedeihen ganz naturgemäß wenig Antheil.

Der alte Deutsche Rechtssatz: „wer nicht mitrathet, der nicht mitthatet", muß vernünftiger= und gerechter Weise auch umgekehrt gelten. Es soll hingegen hiermit das auf einem ganz anderen Gebiet liegende, aus anderen Motiven gerecht= fertigte allgemeine direkte Wahlrecht der Besitzlosen für die Volksvertretung in keiner Weise in Frage gestellt werden.

Ausnahmen von der Regel der Stimmberechtigung in der Gemeinde durch Herabsetzung des Klassensteuersatzes bis auf zwei Thaler müssen aber schon mit Rücksicht darauf zulässig sein, daß es ganze, nur aus kleinen Eigenkäthnern, Gärtnern, Büd= nern u. s. w. bestehende Gemeinden giebt. Gewöhnliche Lohn= arbeiter, Tagelöhner, Gesinde, sollen in der Regel jedoch mit Beiträgen zu den Kommunallasten verschont bleiben.

Verschiedene einzelne Abweichungen der Anlage von dem Entwurf der freien Kommission von 1854 bedürfen wohl nicht einer ausführlichen Rechtfertigung. Dahin gehört unter anderm die Bestimmung, daß eine Gemeindeverordneten-Versammlung, die Ausübung des politischen Gemeinderechts durch Repräsentanten, auf Antrag der Gemeinde in der Regel dann einzutreten hat, wenn die Gemeinde 18 Mitglieder oder mehr enthält. Es ist eine allgemeine Erfahrung, daß aus den Berathungen größerer Gemeinde-Versammlungen, in denen jeder nur sein eigenes Interesse wahrnehmen zu müssen glaubt, in denen daher nur zu oft solchen Verbesserungen widersprochen wird, welche neue Leistungen beanspruchen, seltener und sehr langsam gute und positive Erfolge hervorgehen; wogegen die Berathungen gewählter Vertreter schon weit mehr von dem durch die Stellung von Repräsentanten des Gemeinwesens getragenen Pflichtbewußtsein, für das Gemeinwohl einzutreten, erfüllt sind. Außerdem kann die Vertretung der Gemeinde durch Repräsentanten nöthig sein, wenn die Mehrzahl der Mitglieder infolge ihrer Beschäftigung z. B. als Schiffer, durch längere Jahresperioden abwesend sind. Dahin gehört ferner die allerdings erst an dieser Stelle — noch nicht in dem Entwurf über die Polizeiverwaltung — vorgeschlagene eidliche Verpflichtung von Schulzen und Schöppen, statt durch den Landrath, durch einen Verwaltungsbeamten, vielmehr durch einen Richter. Ferner beantragen wir durchaus die Wahl von Schulzen und Schöppen durch die Gemeinde, nur unter Bestätigung seitens des Kreisausschusses, an Stelle eines bloßen Vorschlagsrechtes. Die Motive für ein Wahlrecht der Gemeinden sind bei Gelegenheit der gutachtlichen Vernehmung der Provinzialstände im Jahre 1852 selbst vom Pommerschen Provinziallandtage treffend hervorgehoben. In anderen Beziehungen darf der Verfasser auf seine neuerlich herausgegebene Schrift zur Reform der Kreis-Ordnung und ländlichen Polizeiverfassung,*) wie auf die Motive verweisen, welche

---

*) Berlin 1867. C. G. Lüderitz'sche Verlagsbuchh. A. Charisius.

den bei Georg Reimer hierselbst 1854 erschienenen Entwürfen einer Landgemeinde-Ordnung für die sechs östlichen Provinzen der Preußischen Monarchie und eines die ländliche Polizeiverwaltung in diesen Provinzen betreffenden Gesetzes beigegeben sind. Es bleibt nur noch übrig, den unserem anliegenden Entwurf hinzugefügten Abschnitt V. „über Bildung von Sammtgemeinden" an sich und in Bezug auf seine Fassung zu rechtfertigen.

Einerseits schien es durchaus angemessen, den Weg zur Bildung von Sammtgemeinden auch in denjenigen Theilen des Landes anzubahnen, in welchen die Mehrzahl der Gemeinden spärlich bevölkert ist und für korporative Leistungen zu wenig Kräfte besitzt, wo überdies, wie unter andern z. B. in Ostpreußen in verschiedenen Beziehungen bereits Vereinigungen für einzelne kommunale Zwecke, größere Kirchspiele und Schulverbände, Wegebauverbände u. dgl. bestehen. Der Hinzutritt von benachbarten Gutsbezirken zur Sammtgemeinde wäre ganz besonders erwünscht. Wenn aber der bereits oben erwähnte Antrag in der Session von 1862 (Nr. 34 der Drucksachen) „auf Wiederinkraftsetzung der Gemeinde-Ordnung vom 11. März 1850", verordnet wissen will: „daß Sammtgemeinden gebildet werden müssen, wenn Gemeinden eine genügende Polizei-Verwaltung aus eigenen Kräften nicht herstellen können", so weicht ein solcher Antrag von den Prinzipien sowohl der Gemeinde-Ordnung vom 11. März 1850, als der Preußischen Staatsverfassung seit 1808 weit ab; er steht selbst mit der Verfassungsurkunde vom 31. Januar 1850 (Art. 45 und 47) nicht im Einklang. Das Motiv jenes Antrages, „daß zur Befriedigung des Bedürfnisses einer guten Polizei-Verwaltung dieselbe bei der Gemeinde sein müsse und daß deshalb für die zu kleinen einzelnen Gemeinden die obligatorisch zu machende Bildung von Sammtgemeinden und die Verschmelzung zu solchen im

Wege gesetzlichen Zwanges, sich rechtfertige", ist nicht zutreffend. Die Gemeinde-Ordnung von 1850 (obwohl zugleich für die west- lichen Provinzen bestimmt) hat dennoch die Bildung von Sammt- gemeinden nur facultativ vorgeschrieben, dagegen die Bildung von Polizeibezirken und die Einsetzung von Kreis-Amtmännern der Staatsregierung zugestanden und dabei, in Uebereinstim- mung mit allen seit der Städte-Ordnung von 1808 erlassenen Gemeinde-Ordnungen, auch allein der Staatsregierung die Fa- cultät vorbehalten, den Vorstehern von Sammtgemeinden die Ortspolizei zu übertragen (§. 126 und §. 135 der Gemeinde- Ordnung von 1850). Selbst die von dem Abgeordneten von Bockum-Dolffs und anderen Vertretern aus den Provinzen Rheinland und Westphalen eingebrachten Gesetzentwürfe zur Verbesserung der Rheinischen und der Westphälischen Landge- meinde-Ordnungen und die darüber erstatteten Kommissionsbe- richte (Drucksachen 1861 Nr. 116 und 1862 Nr. 107 und 140) stehen jenem Antrage nicht zur Seite. Die Vorschläge im Abschnitt V. der Anlage §§. 72 ff. schließen sich deßhalb im Wesentlichen nur den betreffenden Bestimmungen im Tit. IV. der Gemeinde-Ordnung von 1850 an. Es ist der Weg freiwilli- ger Einigung umsomehr für die östlichen Provinzen zu empfeh- len, als die zwangsweise Einrichtung von Sammtgemeinden hier eine nach der bekannten Sinnesweise der ländlichen Be- völkerung in der Mehrzahl unwillkommene Neuerung sein würde. Die Erfahrung selbst in anderen Deutschen Ländern (z. B. Baden), wie in unseren westlichen Provinzen, lehrt, daß der eingelebte korporative Sinn der Einzelgemeinden sich gegen die Verschmelzung auch nur aller wirklich und blos kommuna- len Angelegenheiten zu einem vollständigen Sammtgemeinde- Verband, sträubt.

Die wünschenswerthen kommunalen Vereinigungen von benachbarten Einzelgemeinden und Gutsbezirken werden sich in den östlichen Provinzen, im Anschluß an die in der Schrift „zur Reform der Kreis-Ordnung und ländlichen Polizeiverfassung" vorgeschlagene Eintheilung der Kreise in Polizeiverwaltungsbezirke voraussichtlich von selbst ausbilden.

Endlich mag noch erwähnt werden, daß der anliegende Entwurf es vermieden hat, die höheren Instanzen, an welche von der Entscheidung der Regierung recurrirt werden kann, näher zu bezeichnen, weil, wie in der Schrift „zur Reform der Kreis-Ordnung und ländlichen Polizeiverfassung" angedeutet worden, die Veränderung der Stellung des Landraths, wie die Einführung eines administrativen Gerichtshofes als letzter Instanz, eine durchaus wünschenswerthe Voraussetzung ist für die Selbstverwaltung im Kommunalwesen und für dessen selbstständige freiere Rechtsentwickelung.

Indem der Verfasser auch diese Schrift über die Landgemeinde-Ordnung in den östlichen Provinzen der Oeffentlichkeit übergiebt, wiederholt er den im Eingange geäußerten Wunsch und Zweck, sie möge dazu beitragen, daß das dringende Bedürfniß einer Reform und wirklichen Fortbildung unseres ländlichen Kommunalwesens bereits während des nächsten Landtages befriedigt werde.

Zu dieser Reformgesetzgebung gehört, wie hier rekapitulirt werden mag, vor allem anderen

1) die Reform der Kreis-Ordnung;
2) die der ländlichen Polizeiverwaltung in den östlichen Provinzen;
3) eine Landgemeinde-Ordnung für diese Provinzen.

Denn, daß die im Tit. VII. Th. II. des Allgemeinen Landrechts, (der vom Bauernstande überhaupt, von der Erbunterthänigkeit, von den persönlichen Abhängigkeitsverhältnissen und Freiheitsbeschränkungen des Bauernstandes, den Diensten und Abgaben der Unterthanen und deren Entlassung aus der Unterthänigkeit handelt), — aufgenommenen Bestimmungen über „Dorfgemeinen" vollkommen antiquirt und für die ländlichen Kommunalverhältnisse unanwendbar geworden und daß die dürftige Novelle vom 14. April 1856, betreffend die Landgemeinde=verfassungen in den sechs östlichen Provinzen der Preußischen Monarchie, dem Mangel einer Landgemeinde=Ordnung nicht abhilft, ist jetzt endlich wohl allgemein erkannt worden. Die Herstellung von Polizeiverwaltungsbezirken würde aber den weiteren Vortheil selbst für die politischen Wahlen gewähren, daß mit jenen Polizeiverwaltungsbezirken gleichzeitig die Urwahlbezirke coincidiren könnten und so ein für allemal fest bestimmt, somit gegen willkürliche oder zufällige Abänderungen bei erneuerten Wahlen zur Volksvertretung oder zum Reichstage sicher gestellt werden, daß die Urwahlbezirke dadurch auch einen Umfang gewännen, der das allgemeine geheime Wahlrecht zur Wahrheit machte. Es muß ihnen eine ebenso feste Gestalt gegeben werden, wie es das Gesetz vom 27. Juni 1860, betreffend die Feststellung der Wahlbezirke für das Haus der Abgeordneten, hinsichtlich dieser Wahlbezirke gethan hat.

Erst nach Reform der Kreis= und Einführung einer länd=lichen Gemeinde=Ordnung wird eine unterm 19. Januar 1865 vorgelegte, damals, auf Antrag des Verfassers, von der Kommission und dem Plenum des Abgeordnetenhauses abgelehnte Wegeordnung (Druckf. Nr. 196 II. Seff. 1865) an der Zeit sein.

Jeder Abänderung aber des in der Preußischen Verfassungs=urkunde bestimmten Wahlsystems müßten unseres Erachtens die vorgeschlagenen Reformen auf dem wichtigsten fundamentalen Gebiet des Staatslebens, auf dem der Kreise und Gemeinden, vorausgehen.

Berlin, den 3. November 1867.

Entwurf

zur

Land = Gemeinde = Ordnung für die sechs östlichen Provinzen der Preußischen Monarchie.

Wir, Friedrich Wilhelm, von Gottes Gnaden, König von Preußen 2c. 2c., verordnen zur Regelung des Gemeindewesens in den ländlichen Ortschaften der sechs östlichen Provinzen der Monarchie mit Zustimmung der beiden Häuser des Landtages, was folgt:

§. .1.

Die gegenwärtige Landgemeinde = Ordnung soll in allen Ortschaften zur Anwendung kommen, welche nicht nach der Städte = Ordnung für die sechs östlichen Provinzen der Monarchie vom 30. Mai 1853 verwaltet werden.

§. 2.

I. Bildung der ländlichen Gemeinde = und Guts = Bezirke und Veränderung derselben.

Den Bezirk einer ländlichen Gemeinde oder eines selbstständigen Gutes bilden alle diejenigen Grundstücke, welche demselben bisher angehört haben.

Grundstücke, welche bisher noch keinem Gemeinde = oder selbstständigen Gutsbezirke angehört haben, müssen nach Vernehmung der Betheiligten, und nach Anhörung des Kreistages, durch die Regierung mit einem Gemeinde = oder Gutsbezirke vereinigt oder mit Unserer Genehmigung zu einem Gemeinde = oder selbstständigen Gutsbezirke erklärt werden.

Eine Vereinigung eines ländlichen Gemeinde = oder eines selbstständigen Gutsbezirkes mit einem anderen kann nur unter Zustimmung

3

der Vertretungen der betheiligten Gemeinden, so wie des betheiligten Gutsbesitzers nach Anhörung des Kreistages, mit Unserer Genehmigung erfolgen.

Die Abtrennung einzelner Grundstücke von einem Gemeinde- oder selbstständigen Gutsbezirk und deren Vereinigung mit einem angrenzenden anderen kann mit Genehmigung der Regierung, ingleichen kann die Bildung eines selbstständigen Gemeindebezirks aus solchen Trennstücken, Abbauen oder Kolonien mit Unserer Genehmigung vorgenommen werden, wenn außer den Vertretungen der betheiligten Gemeinden und den betheiligten Gutsbesitzern auch die Eigenthümer jener Grundstücke darin einwilligen, und in letzterem Falle auch der Kreistag gehört ist. In Ermangelung der Einwilligung aller Betheiligten kann eine Veränderung dieser Art in den Gemeinde- oder Gutsbezirken nur in dem Falle, wenn dieselbe im öffentlichen Interesse als nothwendiges Bedürfniß sich ergiebt, und alsdann nur mit Unserer Genehmigung nach Vernehmung der Betheiligten und nach Anhörung des Kreistages stattfinden.

In allen vorstehenden Fällen ist der Beschluß des Kreistages vor Einholung der höheren Genehmigung den Betheiligten nachrichtlich mitzutheilen.

Wo und soweit in Folge einer derartigen Veränderung eine Auseinandersetzung zwischen den Betheiligten sich als nothwendig ergiebt, ist solche im Verwaltungswege zu bewirken.

Wird hierbei eine Uebereinkunft der Betheiligten vermittelt, so genügt die Genehmigung des Kreisausschusses; im Falle des Widerspruches entscheidet die Regierung.

Privatrechtliche Verhältnisse dürfen durch dergleichen Veränderungen niemals gestört werden.

Eine jede solche Veränderung ist durch das Amtsblatt bekannt zu machen.

Veränderungen, welche bei Gelegenheit einer Gemeinheitstheilung vorkommen, unterliegen diesen Bestimmungen nicht.

§. 3.

Wenn selbstständige Gutsbezirke oder große geschlossene Waldgrundstücke nicht in den Kommunal-Verband mit einer schon bestehenden Gemeinde eintreten, so werden diejenigen Gemeinschaften zwischen denselben und den Gemeinden, welche für einzelne und bestimmte

Zwecke im öffentlichen Interesse, z. B. für Armenpflege, Wegebau, Feuerlöschwesen, hinsichtlich der Verrichtungen des Gemeinde-Vorste-hers, Gemeindeschreibers u. s. w. bereits bestehen, oder später sich bil-den, durch die gegenwärtigen Bestimmungen über das Gemeindewesen nicht verändert oder beschränkt.

§. 4.

Alle Einwohner des Gemeinde- oder Guts-Bezirkes (Waldgrund-stückes), mit Ausnahme der nicht mit Grundstücken angesessenen servis-berechtigten Militärpersonen des aktiven Dienststandes gehören zum Gemeinde- oder zum Guts-Verbande.

Als Einwohner werden diejenigen betrachtet, welche in dem Ge-meinde- oder Guts-Bezirke nach den Bestimmungen der Gesetze ihren Wohnsitz haben.

§. 5.

II. Ortsstatuten (Dorfordnungen), Ergänzung bestehender Ortsverfassungen.

Jede Gemeinde ist befugt, ihre besondere Verfassung oder einen Theil derselben in einem Ortsstatute (Dorfordnung) zu verzeichnen. Gegenstände eines solchen Statuts können sein:

1) Aufzeichnung der zu Recht bestehenden Orts-Observanzen, unter Berücksichtigung der einschlagenden Festsetzungen in den Urbarien, Schöppenbüchern, Regulirungs-, Separations- und Parzellirungs-Rezessen;

2) Festsetzungen über solche Angelegenheiten der Gemeinde, so wie über solche Rechte und Pflichten ihrer Mitglieder, hin-sichtlich deren das gegenwärtige Gesetz Verschiedenheiten ge-stattet, oder keine ausdrücklichen Bestimmungen enthält;

3) Festsetzungen über sonstige eigenthümliche Verhältnisse und Einrichtungen.

Bestimmungen, welche ausdrücklichen Anordnungen des gegenwär-tigen Gesetzes zuwiderlaufen oder mit solchen unvereinbar sind, dürfen in ein Ortsstatut nicht aufgenommen werden.

Das Statut ist von der Gemeinde unter Leitung des Kreisaus-schusses und unter Mitwirkung der Polizei-Obrigkeit aufzustellen und bedarf der Bestätigung der Regierung.

Die Errichtung und Bestätigung von Nachträgen zu dem Statute erfolgt in gleicher Weise.

Wo dergleichen Statuten schon jetzt bestehen, können dieselben einer Revision unterworfen werden.

§. 6.

Ein dergleichen Orts-Statut ist auch alsdann zu errichten:

1) wenn ein Gut, welches bisher einen selbstständigen Gutsbezirk bildete, oder ein großes geschlossenes Waldgrundstück, welches sich bisher in keinem Gemeinde-Verbande befand, in einen schon bestehenden Gemeinde-Verband eintritt.

Das Statut hat die näheren Festsetzungen zu treffen über das Verhältniß, nach welchem der Besitzer des Gutes oder des Waldes und die Bewohner dieser Grundstücke an den Rechten und Pflichten des Gemeinde-Verbandes Theil nehmen, insbesondere darüber, inwiefern hierbei dem Guts- oder Waldbesitzer nach Maßgabe der Größe und Steuerkraft seines Besitzthums eine größere Stimmenzahl in der Gemeinde-Versammlung (§. 16), oder, wenn die Gemeinde durch Gemeinde-Verordnete vertreten wird, ein erhöhtes aktives Wahlrecht bei der Wahl der Gemeinde-Verordneten (§§. 30 bis 35), und das selbstständige Recht, an der Gemeinde-Verordneten-Versammlung Theil zu nehmen, beizulegen ist.

Ist das in den Gemeinde-Verband eingetretene Gut oder Wald-grundstück von dem Steuerwerthe, daß es bei einer Umlage der Ge-meindeabgaben nach dem Grundsteuerfuß, mehr als den vierten Theil der gesammten Gemeindelasten aufzubringen hat, so ist der Besitzer jedenfalls zu einer Virilstimme innerhalb der Versammlung der Ge-meinde, bezüglich der Gemeinde-Verordneten unter den allgemeinen Bedingungen des §. 10 Nr. I, II, III, IV, b und c auch dann berech-tigt, wenn er nicht im Gemeindebezirk wohnt, und finden letzterenfalls die Bestimmungen des §. 13 Anwendung.

Dergleichen, die Verbindung zwischen einem bisher selbstständigen Gutsbezirk oder Waldgrundstück und einer Gemeinde regulirende Orts-statuten sind nach den Erklärungen der Betheiligten von dem Kreis-ausschuß aufzustellen und unterliegen der Bestätigung der Regierung.

2) Wenn an die Stelle der Gemeinde-Versammlung eine aus gewählten Mitgliedern bestehende Versammlung von Gemeinde-Verordneten tritt (§. 30 und §. 35).

§. 7.
III. Landgemeinden.
A. Rechte und Pflichten der Gemeinden und ihrer Mitglieder.

Die Gemeinden sind Korporationen. Sie sind zu allen Leistungen verpflichtet, welche das Gemeinde-Bedürfniß erfordert.
Jeder Gemeinde steht die Selbstverwaltung ihrer Angelegenheiten zu.

§. 8.

Alle Einwohner einer Gemeinde sind zur Mitbenutzung der öffentlichen Gemeinde-Anstalten berechtigt und — mit Vorbehalt der weiter-
hin näher bestimmten Ausnahmen und Beschränkungen (§. 56) — zur
Theilnahme an den Gemeindelasten verpflichtet.

Diese Verpflichtung erstreckt sich auf die Verzinsung und Abtra-
gung bereits vorhandener Gemeinde-Schulden, beginnt mit dem ersten,
seit der Erwerbung des Wohnsitzes eingetretenen Verfalltage und
dauert beim Aufgeben dieses Wohnsitzes noch für den letzten vorher
eingetretenen Verfalltag fort.

Die im §. 4 des Gesetzes, betreffend die anderweite Regelung der
Grundsteuer vom 21. März 1861 und im §. 3 Ges. d. eod. betreffend
die Einführung einer allgemeinen Gebäudesteuer bezeichneten Grundstücke
und Gebäude sind auch von den Gemeinde-Auflagen befreit.

Zeitweilige Befreiungen von Gemeinde-Abgaben und Leistungen
für neubebaute Grundstücke sind zulässig.

Mit Ausnahme dieses Falles dürfen neue persönliche oder dingliche Befreiungen von Gemeindelasten und Abgaben nicht ferner von
den Gemeinden verliehen werden.

Alle sonstige nicht persönliche Befreiungen können von den Gemeinden gegen Entrichtung des zwanzigfachen Betrages des Jahres-
werths der Befreiung nach dem Durchschnitt der letzten zehn Jahre
vor Verkündigung dieses Gesetzes abgelöst werden und hören auf,
wenn die Entschädigung festgestellt und gezahlt ist; bis dahin bestehen
dieselben in ihrem bisherigen Umfange fort, erstrecken sich jedoch nur
auf den gewöhnlichen Zustand, nicht auf außerordentliche Leistungen.

Steht ein anderer Entschädigungs-Maßstab durch speziellen Rechtstitel fest, so hat es hierbei sein Bewenden. Der Entschädigungsbetrag
wird durch Schiedsrichter, mit Ausschluß der ordentlichen Rechtsmittel
festgestellt; von diesen wird der eine von dem Besitzer des bisher be-

freiten Grundstücks, der andere von der Gemeinde ernannt. Der Ob=
mann ist, wenn sich die Schiedsrichter über dessen Ernennung nicht
verständigen können, von dem Kreisausschuß zu ernennen.

Die Geistlichen, Kirchendiener und Elementar=Schullehrer bleiben
von den direkten persönlichen Gemeindeabgaben hinsichtlich ihres Dienst=
einkommens insoweit befreit, als ihnen diese Befreiung zur Zeit der
Verkündigung der Gemeinde=Ordnung vom 11. März 1850 zustand.
Geistliche und Schullehrer bleiben von allen persönlichen Gemeinde=
diensten, soweit dieselben nicht auf ihnen gehörigen Grundstücken lasten,
befreit; Kirchendiener insoweit, als ihnen diese Befreiung zur Zeit der
Verkündigung der Gemeinde=Ordnung vom 11: März 1850 zustand.
Alle übrigen persönlichen Befreiungen sind ohne Entschädigung
aufgehoben.

Die Bestimmungen wegen Besteuerung des Diensteinkommens der
Beamten laut Gesetz vom 11. Juli 1822 (Gesetz=Sammlung S. 184)
und Kabinets=Ordre vom 14. Mai 1832 (Gesetz=Sammlung S. 145)
werden aufgehoben.

Dagegen sind die Beamten von persönlichen Diensten frei. Sind
sie jedoch Besitzer von Grundstücken, oder betreiben sie ein stehendes Ge=
werbe, so müssen sie die mit diesem Grundbesitz resp. Gewerbe verbun=
denen persönlichen Dienste entweder selbst oder durch Stellvertreter leisten.

§. 9.

Das Gemeinderecht besteht in der Befugniß, an den öffentlichen
Geschäften der Gemeinde Theil zu nehmen.

§. 10.

Zur persönlichen Ausübung des Gemeinderechts ist befugt, wer:

I. Preußischer Unterthan ist,

II. im Vollbesitze der bürgerlichen Ehrenrechte sich befindet,

III. großjährig ist und einen eigenen Hausstand hat,

IV. seit einem Jahre

  a) Einwohner des Gemeindebezirks ist,

  b) keine Armenunterstützung aus öffentlichen Mitteln empfan=
    gen und

  c) die ihn betreffenden Gemeinde=Abgaben gezahlt hat, und
    außerdem

  d) entweder

    1) ein Grundstück im Gemeindebezirk besitzt, oder

2) zur klassifizirten Einkommensteuer veranlagt ist, oder
3) an Klassensteuer einen Jahresbeitrag von mindestens
vier Thalern entrichtet. Doch kann je nach den beson=
deren Verhältnissen an Stelle dieses Klassensteuerbe=
trages ein geringerer Betrag bis herab zu zwei Thalern
einschließlich, durch Gemeindebeschluß, in Ermangelung
eines solchen aber im Beschwerdewege durch den Be=
schluß des Kreistages, auf den Bericht des Kreisaus=
schusses, als Bedingung der Theilnahme am Gemeinde=
recht festgesetzt werden.

Wer ein Grundstück im Gemeindebezirk ererbt, dem kommt bei
Berechnung der Dauer des einjährigen Wohnsitzes und Grundbesitzes
die Besitzzeit des Erblassers zu Gute.

Uebertragung unter Lebendigen an Verwandte in absteigender Li=
nie, an Eltern, Eheleute, Geschwister und Geschwisterkinder, steht der.
Vererbung gleich.

In einzelnen Fällen kann die Gemeinde=Versammlung von dem Er=
forderniß der einjährigen Dauer des Wohnsitzes und Grundbesitzes oder
der Steuer=Entrichtung entbinden.

§. 11.

Besitzer von solchen Grundstücken im Gemeindebezirk, welche min=
destens den Umfang einer selbstständigen, mit Gespann versehenen Acker=
nahrung, haben oder mit Fabrik=Etablissements oder gewerblichen Anlagen
besetzt sind, sind zur Theilnahme an den öffentlichen Geschäften, unter
Voraussetzung der übrigen allgemeinen, im §. 10 unter Nr. I, II,
III und IV zu b und c gedachten Erfordernisse auch dann berechtigt,
wenn sie nicht Einwohner des Gemeindebezirks sind. Ein Gleiches
gilt von juristischen Personen, welche Grundstücke der gedachten Art
im Gemeindebezirk besitzen.

§. 12.

Befindet sich ein Grundstück im Besitze einer Frauensperson oder
einer unter väterlicher Gewalt oder unter Vormundschaft stehenden
Person, und würde dieselbe ihren übrigen Verhältnissen nach zum Ge=
meinderechte befähigt sein, so ist die Ausübung dieses Rechts durch
Stellvertreter dahin gestattet, daß eine Ehefrau durch ihren Ehemann,
eine unverheirathete oder verwittwete Frauensperson durch einen stimm=
berechtigten Eingesessenen, eine unter väterlicher Gewalt stehende Person

durch den Vater, und eine unter Vormundschaft stehende Person durch den Vormund vertreten werden kann.

Der Ehemann, Vater und Vormund muß, um zu dieser Stell-vertretung befugt zu sein, abgesehen von den Erfordernissen des Grund-besitzes, wie der Einschätzung zur Einkommen- oder Klassensteuer, die im §. 10 vorgeschriebenen Eigenschaften besitzen.

§. 13.

Auswärts wohnende, sowie juristische Personen, welche nach §. 11 zur Ausübung des Gemeinderechts befugt sind, können sich dabei durch ihre Pächter, Wirthschafts- und Forstbeamte, welche abgesehen von den Erfordernissen des eigenen Hausstandes, Wohnsitzes und Grundbesitzes, allen übrigen Bedingungen des §. 10 entsprechen, oder durch einen stimmberechtigten Eingesessenen vertreten lassen.

§. 14.

Von mehreren Personen, welche im ungetheilten Besitze eines zum Gemeinderechte befähigenden Grundstücks sich befinden, kann nur Eine das Gemeinderecht ausüben.

Beim Mangel einer gütlichen Einigung ist dazu zunächst der auf dem Grundstücke selbst wohnende Mitbesitzer berufen; unter mehreren Gleichberechtigten entscheidet das höhere Alter.

§. 15.

Wer in Folge rechtskräftigen Erkenntnisses der bürgerlichen Ehre verlustig geworden (§. 12 des Strafgesetzbuches), verliert dadurch auch das Gemeinderecht und die Befähigung, dasselbe zu erwerben. — Wem durch rechtskräftiges Erkenntniß die Ausübung der bürgerlichen Ehren-rechte untersagt ist (§. 21 des Strafgesetzbuches), der ist, während der dafür in dem Erkenntnisse festgesetzten Zeit, von der Ausübung des Gemeinderechts ausgeschlossen. Ist gegen ein Gemeindemitglied wegen eines Verbrechens die Versetzung in den Anklagestand, oder wegen eines Vergehens, welches die Untersagung der Ausübung der bürger-lichen Ehrenrechte nach sich ziehen muß oder kann, die Verweisung an das Strafgericht ausgesprochen, oder ist dasselbe zur gerichtlichen Haft gebracht, so ruht die Ausübung des ihm zustehenden Gemeinderechtes so lange, bis die gerichtliche Untersuchung beendigt ist.

Das Gemeinderecht geht verloren, sobald eines der zur Erlangung desselben vorgeschriebenen Erfordernisse bei dem bis dahin dazu Be-rechtigten nicht mehr zutrifft.

Ein Gleiches findet bei dem Statt, welchem das Recht, über sein Vermögen zu verfügen und dasselbe zu verwalten, durch richterliches Erkenntniß entzogen ist.

Verfällt ein Gemeindemitglied in Konkurs, so verliert es dadurch das Gemeinderecht; die Befähigung, dasselbe wieder zu erlangen, kann ihm, wenn es die Befriedigung seiner Gläubiger nachweist, von der Gemeinde verliehen werden.

§. 16.

Insoweit das Gemeinderecht in der Theilnahme am Stimmrechte besteht (§§. 10 bis 14), ist für die Art und Weise der Ausübung desselben in der Gemeinde-Versammlung zunächst die bestehende Ortsverfassung maßgebend.

Wenn eine Ergänzung dieser Ortsverfassung

I. deshalb nöthig ist, weil die Berechtigung zur Ausübung des Gemeinderechtes durch die Bestimmungen des gegenwärtigen Gesetzes (§§. 10 bis 12) über die bisherigen Grenzen hinaus erweitert worden ist, oder

II. aus der Mitte der Gemeinde deshalb beantragt wird, weil entweder

1) die Ortsverfassung streitig ist, oder

2) zwischen der Theilnahme an dem Stimmrechte und der Theilnahme an den Lasten der Gemeinde ein erhebliches Mißverhältniß besteht, kann eine solche Ergänzung entweder

a) im Wege einer statutarischen Anordnung (§. 5) oder

b) nach Anhörung der Betheiligten und nach vernommenem Gutachten des Kreisausschusses durch eine Entscheidung der Regierung herbeigeführt werden.

Dabei ist es zulässig, die nach §. 10 zur Ausübung des Gemeinderechts Berufenen mit Rücksicht darauf, ob sie im Gemeindebezirk Grundstücke besitzen, oder nicht, ob ihr Grundbesitz von größerem oder geringerem Umfange und Steuerwerthe ist, und sie danach zu den Gemeindelasten erheblich mehr oder weniger beitragen, möglichst im Anschluß an die bestehenden Einrichtungen, in mehrere Klassen zu theilen und den Mitgliedern der einen Klasse ein wirksameres Stimmrecht, als denen einer anderen Klasse einzuräumen.

Es kann insbesondere festgesetzt werden, daß die Mitglieder der ersten Klasse für ihre Person eine Stimme (Einzelnstimme, Virilstimme) führen, dagegen aber diejenigen der zweiten Klasse, und, wenn drei Klassen gebildet sind, auch diejenigen der dritten Klasse durch eine gewisse Anzahl gewählter Abgeordneten vertreten (auf Gesammt-stimmen beschränkt) werden sollen. Nicht minder kann die Bestim-mung dahin getroffen werden, daß die Mitglieder der zweiten oder dritten Klasse Einzelnstimmen führen, mithin nur den Mitgliedern der unteren Klassen Gesammtstimmen beigelegt, dagegen aber jedem Mitgliede der höheren Klassen zwei oder mehrere Stimmen eingeräumt werden.

Bei der Feststellung der Anzahl der einer Klasse beizulegenden Ge-sammtstimmen ist darauf Rücksicht zu nehmen, in welchem Verhältniß die Mitglieder dieser Klasse im Ganzen, den anderen Klassen gegen-über zu den Gemeindelasten beitragen.

Die Abgeordneten, welche die einer Klasse beigelegten Gesammt-stimmen zu führen haben, werden von den Mitgliedern dieser Klasse unter Leitung des Gemeinde-Vorstehers auf je sechs Jahre gewählt. Als gewählt sind diejenigen anzusehen, welchen mehr als die Hälfte der in der Versammlung der betreffenden Klasse Anwesenden ihre Stimmen gegeben haben.

§. 17.
B. Gemeinde-Verwaltung.
Vertretung der Gemeinde.

Die Gemeinde wird in ihren Angelegenheiten durch die Gemeinde-Versammlung bezüglich durch die Versammlung der Gemeinde-Ver-ordneten (§§. 30 ff.) und den Gemeinde-Vorstand vertreten.

Der Gemeinde-Vorstand verwaltet und beaufsichtigt die Gemeinde-Angelegenheiten, und ist in allen polizeilichen Angelegenheiten Organ und Hülfs-Behörde der Polizei-Obrigkeit.

Er besteht aus dem Gemeinde-Vorsteher (Schulzen, Scholzen, Richter, Dorfrichter) und zwei Schöffen (Schöppen, Gerichtsmännern, Gerichts- oder Dorf-Geschworenen), welche den Gemeinde-Vorsteher zu unterstützen und in Behinderungsfällen zu vertreten haben.

Auf Antrag der Gemeinde kann die Zahl der Schöffen, nach An-hörung der Polizei Obrigkeit, mit Genehmigung des Kreisausschusses vermehrt, auch können bei sehr umfangreichen und bevölkerten oder aus mehreren Ortschaften bestehenden Gemeinden für die örtlichen Abthei-lungen besondere Schöffen aus den daselbst wohnhaften Gemeindemit-gliedern bestellt werden.

§. 18.

a. Gemeinde-Versammlung.

Die Gemeinde-Versammlung hat über alle Gemeinde-Angelegenheiten zu beschließen, soweit dieselben nicht ausschließlich dem Gemeinde-Vorstande überwiesen sind. Doch darf sie ihre Beschlüsse niemals selbst ausführen. Die Ausführung derselben steht dem Gemeinde-Vorsteher zu. Ueber andere als Gemeinde-Angelegenheiten darf die Gemeinde-Versammlung nur dann berathen, wenn solche durch besondere gesetzliche Vorschriften, oder in einzelnen Fällen durch Aufträge der Aufsichtsbehörden an sie gewiesen sind.

Zu den Gemeindeangelegenheiten gehört außer der Anlegung und Unterhaltung der Straßen und Kommunikationswege, soweit dazu kein Dritter vermöge besonderer Rechtstitel verpflichtet ist, ferner außer der Armenpflege, und den damit in Verbindung stehenden Anstalten, auch der Bau und die Unterhaltung der gemeinen (Elementar-) Schulen und die Unterhaltung der bei denselben angestellten Lehrer, soweit dafür keine besonderen Stiftungen oder aus speziellen Rechtsgründen verpflichtete Personen vorhanden oder deren Beiträge unzureichend sind.

Die Gemeinde-Versammlung ist berechtigt, sich von der Ausführung ihrer Beschlüsse Ueberzeugung zu verschaffen und die Gemeinderverwaltung zu kontroliren.

§. 19.

Die Zusammenberufung, Leitung und Schließung der Gemeinde-Versammlung geschieht durch den Gemeinde-Vorsteher, welcher den Vorsitz in der Versammlung mit vollem Stimmrecht führt; die Mitglieder sind daher verpflichtet, den Anordnungen desselben hinsichtlich des Geschäftsganges in der Versammlung Folge zu leisten.

§. 20.

Die Zusammenberufung der Mitglieder der Gemeinde-Versammlung zu derselben muß, besonders schleunige Fälle ausgenommen, mindestens 24 Stunden vor deren Beginn erfolgen. — In Betreff der Art und Weise der Zusammenberufung bewendet es bei den deshalb bestehenden Observanzen, so lange solche nicht durch einen Beschluß der Gemeinde-Versammlung eine Abänderung erleiden. Das ortsübliche Verfahren bei Zusammenberufung der Gemeinde-Versammlung kann in dem Orts-Statute näher bezeichnet, auch können je nach Bedürfniß regelmäßige Versammlungen beschlossen werden.

§. 21.

Zur Gültigkeit eines Beschlusses ist die Gegenwart von wenigstens zwei Dritttheilen der Mitglieder erforderlich. Ist bei der Einladung zur Versammlung der Gegenstand der Berathschlagung angezeigt worden, so können die erscheinenden Mitglieder, ohne Rücksicht auf ihre Anzahl, einen gültigen Beschluß abfassen. Können einzelne Mitglieder der Gemeinde, als persönlich betheiligt, an der Berathung nicht Theil nehmen (§. 24) so ist die Versammlung, wenn nur zwei Dritttheile der Unbetheiligten zugegen sind, doch beschlußfähig.

§. 22.

Die Beschlüsse werden nach Stimmenmehrheit gefaßt. Bei Stimmengleichheit entscheidet die Stimme des Vorsitzenden. Wer nicht mitstimmt, wird zwar als anwesend betrachtet, die Stimmenmehrheit wird aber lediglich nach der Zahl der Stimmenden festgestellt.

§. 23.

Das Stimmrecht darf nicht schriftlich ausgeübt werden.

§. 24.

An Verhandlungen über Rechte und Verpflichtungen der Gemeinde darf derjenige nicht Theil nehmen, dessen Interesse mit· dem der Gemeinde in Widerspruch steht. Kann wegen dieser Ausschließung eine beschlußfähige Versammlung nicht gehalten werden, so hat der Gemeinde-Vorsteher, oder wenn auch dieser aus dem vorgedachten Grunde betheiligt ist, der Kreisausschuß für die Wahrung des Gemeinde-Interesses zu sorgen, und nöthigenfalls einen besonderen Vertreter für die Gemeinde zu bestellen.

§. 25.

Hält eine Klasse von Gemeindegliedern sich durch einen Gemeinde-Beschluß in ihren Rechten verletzt, so ist sie, vorbehaltlich des Rechtsweges in den dazu geeigneten Fällen, befugt, die Entscheidung der Regierung durch den Kreisausschuß nachzusuchen, in welchem Falle die Ausführung des Gemeindebeschlusses bis zum Eingang dieser Entscheidung ausgesetzt bleibt. Der Kreisausschuß muß jedoch, bevor er an die Regierung berichtet, durch wiederholt veranlaßte Berathung eine Vereinigung versuchen.

§. 26.

Urkunden, welche die Gemeinde verbinden sollen, müssen Namens derselben von dem Gemeinde-Vorsteher und von den ihm beigeordneten

Schöffen unterschrieben und durch das Gemeindesiegel beglaubigt wer=
den. Die Beschlüsse der Gemeinde=Versammlung und die Genehmigung
der derselben vorgesetzten Behörden sind in den geeigneten Fällen der
Urkunde in beglaubigter Form beizufügen.

Zu jeder, einen Gemeindebeschluß betreffenden Verhandlung ist
erforderlich, daß darin die Namen der bei der Beschlußfassung gegen=
wärtig gewesenen Gemeindemitglieder angegeben sind und die Ver=
handlung außer von dem Gemeinde=Vorsteher (Schulzen) und den an=
wesenden Schöffen (Gerichtsmännern) auch noch von mindestens drei
anderen gegenwärtig gewesenen Gemeindegliedern unterschrieben ist.

§. 27.

Die Gemeinde=Versammlung ist berechtigt, in allen Fällen, in denen
die Gemeinde durch einen oder mehrere Bevollmächtigte vertreten wer=
den muß, Bevollmächtigte zu ihrer Vertretung, auch zu allen anderen
Geschäften der Gemeinde, deren Ausführung durch besondere Deputa=
tionen zweckmäßig erscheint, die Mitglieder der Deputation zu erwählen.

Zu den Vollmachten, sowohl bei gerichtlichen, wie bei außerge=
richtlichen Angelegenheiten, genügt die Unterschrift des Gemeinde=Vor=
stehers und der ihm beigeordneten Schöffen, unter Beglaubigung durch
das Gemeindesiegel, wobei jedoch von diesen Personen ausdrücklich zu
bescheinigen ist, daß die Vollmacht auf Grund eines ordnungsmäßigen
Gemeindebeschlusses ausgestellt ist und daß zu der desfallsigen Bera=
thung sämmtliche Stimmberechtigte gehörig eingeladen worden sind.

Die Vorschriften in §§. 40 bis 42 Tit. III. Th. I. der Allgemeinen
Gerichts=Ordnung sind aufgehoben.

§. 28.

Hat die Gemeinde=Versammlung einen Beschluß gefaßt, welcher ihre
Befugniß überschreitet, die Gesetze oder das Gemeinde=Interesse ver=
letzt, so hat der Gemeinde=Vorsteher von Amtswegen oder auf Geheiß
der Polizei=Obrigkeit die Ausführung einstweilen zu beanstanden und
darüber binnen acht Tagen an den Kreisausschuß zu berichten, welcher
entweder die Beanstandung aufzuheben oder die Entscheidung der Re=
gierung über die Zulässigkeit oder Unzulässigkeit des Beschlusses einzu=
holen hat.

§. 29.

Unterläßt oder verweigert eine Gemeinde=Versammlung, die Auf=
bringung der Leistungen zu beschließen, welche der Gemeinde gesetzlich

obliegen, so hat der Kreisausschuß den Betrag dieser Leistungen fest=
zusetzen und die Gemeinde zu deren Entrichtung nöthigenfalls im
Wege der administrativen Exekution anzuhalten.

§. 30.

b. Gemeinde=Verordneten=Versammlung.

In Gemeinden, in welchen die Gemeinde=Versammlung aus so
vielen Mitgliedern besteht, daß ihre Zahl zu einer zweckmäßigen Be=
handlung der Geschäfte zu groß ist, oder auch besondere Verhältnisse es
nöthig machen, tritt an Stelle der GemeindeVersammlung eine aus ge=
wählten Mitgliedern bestehende Versammlung von Gemeinde=Verordneten.

In welchen Fällen eine solche Vertretung statt zu finden hat,
wird auf den Antrag der Gemeinde=Versammlung durch die Regierung
bestimmt, welche den Kreisausschuß zuvor mit seinem Gutachten zu
hören hat.

Die Vertretung einer Gemeinde, bezüglich der Gemeinde=Ver=
sammlung durch gewählte Gemeinde=Verordnete hat in der Regel ein=
zutreten, wenn die Anzahl der stimmberechtigten Gemeinde=Mitglieder
achtzehn oder mehr beträgt.

§. 31.

Wo eine Gemeinde=Verordneten=Versammlung errichtet wird (§. 30),
muß dieselbe, etwa vorhandene virilstimmenberechtigte Mitglieder (§. 6
Nr. 1)) ungerechnet, außer dem Gemeinde=Vorsteher mindestens aus
sechs gewählten Mitgliedern bestehen. Für jedes Mitglied ist ein
Stellvertreter zu wählen.

Die Schöffen (Gerichtsmänner) können zu Gemeinde=Verordneten
gewählt werden.

§. 32.

Die Wahl der Gemeinde=Verordneten erfolgt auf sechs Jahre.
Alle zwei Jahre scheidet ein Drittel derselben aus. An die Stelle
der Ausgeschiedenen werden neue Mitglieder gewählt. Die Ausge=
schiedenen sind wieder wählbar. Die Ausscheidung erfolgt die ersten
beiden Male nach dem Loose.

§. 33.

Sind in einer Gemeinde Klassen gebildet (§. 16), so hat jede
Klasse für sich die ihr zugetheilten Gemeinde=Verordneten und deren
Stellvertreter zu wählen. Die einzelnen Klassen sind hierbei an die
Mitglieder ihrer Klasse nicht gebunden.

An diesen Wahlen nehmen in jeder Klasse sämmtliche Mitglieder derselben persönlich Theil.

Auch können da, wo die Gemeinde aus mehreren Ortschaften oder örtlichen Abtheilungen besteht (§. 17), die zu wählenden Gemeinde-Verordneten, je nach der Einwohnerzahl, auf dergleichen einzelne Ortschaften oder örtliche Abtheilungen vertheilt und kann von diesen letzteren die auf sie entfallende Anzahl je für sich gewählt werden.

§. 34.

Die Wahlen der Gemeinde-Verordneten und ihrer Stellvertreter werden unter dem Vorsitze des Gemeinde-Vorstehers vorgenommen, welcher mit zwei Schöffen oder mit zwei von ihm aus der Gemeinde zu bestellenden Beisitzern den Wahl-Vorstand bildet.

In dem Wahltermin, welcher acht Tage vorher nach der in der Gemeinde üblichen Publikationsart bekannt gemacht werden muß, ist für jeden zu Wählenden ein besonderer Wahlakt vorzunehmen.

Die Wahl erfolgt mittelst verdeckter Stimmzettel. Schreibensunkundige können indeß dem Wahlvorstande mündlich zu Protokoll erklären, wem sie ihre Stimme geben wollen.

Als gewählt ist derjenige anzusehen, welchem die absolute Stimmenmehrheit der in der Versammlung anwesenden Mitglieder, bezüglich seiner Klasse zu Theil geworden ist.

§. 35.

Die nähere Festsetzung über die Wahlordnung, die Gesammtzahl der Gemeinde-Verordneten und da, wo die zur Ausübung des Stimmrechts Berufenen in Klassen oder örtliche Abtheilungen (§. 33) getheilt sind, über die Vertheilung der Gesammtzahl auf die einzelnen Klassen oder Abtheilungen, wird im Wege statutarischer Anordnung oder, wenn eine Vereinbarung nicht zu Stande kommt, auf den Bericht des Kreisausschusses durch die Regierung getroffen.

§. 36.

Für einen behinderten oder abgegangenen Gemeinde-Verordneten wird durch den Gemeinde-Vorsteher ein Stellvertreter derjenigen Klasse einberufen, welcher der behinderte oder abgegangene Gemeinde-Verordnete angehört.

§. 37.

Die von den Gemeinde-Verordneten gefaßten Beschlüsse sind für die Gemeinde verpflichtend. Die Gemeinde = Verordneten sind an kei= nerlei Instruktionen oder Aufträge ihrer Wähler gebunden.

Im Uebrigen gelten für die Versammlung und Geschäftsführung der Gemeinde = Verordneten die für die Gemeinde = Versammlung gege= benen Bestimmungen (§§. 18 bis 29, sowie §§. 38, 39, 42, 44 bis 47, 52, 54, 56, 57, 58, 60 und 65).

§. 38.

Jeder stimmberechtigte Gemeinde = Angehörige hat die Verpflich= tung, eine Stelle in der Gemeinde = Vertretung anzunehmen und min= destens sechs Jahre zu versehen.

Zur Ablehnung oder früheren Niederlegung einer solchen Stelle berechtigen nur:

1) anhaltende Krankheiten;
2) Geschäfte, die längere und öftere Reisen nothwendig machen und
3) ein Alter über 60 Jahre.

Wer sich ohne einen dieser Entschuldigungs=Gründe weigert, eine solche Stelle anzunehmen, oder die noch nicht sechs Jahre lang ver= sehene Stelle ferner zu versehen, sowie derjenige, welcher sich der Ver= waltung solcher Stellen thatsächlich entzieht, kann durch Beschluß der Gemeinde = Versammlung der den stimmberechtigten Gemeinde = Angehö= rigen in diesem Gesetze beigelegten Rechte auf drei bis sechs Jahre verlustig erklärt, oder mittelst Geldstrafen bis zum Belange von fünf Thalern zu seiner Schuldigkeit angehalten werden. Ein solcher Be= schluß der Gemeinde = Versammlung bedarf der unter Beirath der Po= lizei=Obrigkeit zu ertheilenden Bestätigung des Kreis=Ausschusses.

Ausgeschlossen von der Wahl zu Gemeinde=Verordneten sind nur 1. die vom Staate ernannten Mitglieder der Aufsichtsbehörde, 2. die nicht zum Gemeinde = Vorstande gehörigen Gemeinde=Beamten, 3. die Polizei=Beamten, 4. die Beamten der Staatsanwaltschaft, 5. die Offiziere des stehenden Heeres und die Mannschaften desselben, so= lange diese letzteren nicht zur Reserve entlassen sind.

Andere im Dienste des Staats stehende Personen sind dagegen wählbar und bedürfen keiner Erlaubniß oder Genehmigung zur An= nahme einer Stelle als Gemeinde=Verordneter.

§. 39.
c. Gemeinde-Vorstand.
aa. Ernennung des Gemeinde-Vorstandes.

Der Gemeinde-Vorsteher, welcher in der Regel innerhalb des Gemeindebezirks mit Grundeigenthum angesessen sein muß, wird von der
Gemeinde, bez. der Gemeindeverordneten-Versammlung (§§. 30 ff.) durch
absolute Stimmenmehrheit gewählt und vom Kreis-Ausschuß*) bestätigt.

Die Wahlhandlung erfolgt unter Leitung der Polizei-Obrigkeit
des Polizei-Verwaltungsbezirks mit Zuziehung zweier aus der Gemeinde zu bestellender Beisitzer und nach Maßgabe der Bestimmungen
im §. 34.

Wird die absolute Stimmenmehrheit bei der ersten Abstimmung
nicht erreicht, so werden diejenigen zwei Personen, auf welche die
meisten Stimmen gefallen sind, auf eine engere Wahl gebracht. Bei
Stimmengleichheit entscheidet das Loos.

Versagt der Kreis-Ausschuß die Bestätigung der Wahl, so ist
eine neue Wahl vorzunehmen. Wird auch diese nicht bestätigt, so
steht dem Kreis-Ausschuß nach vernommenem Gutachten der Polizei-
Obrigkeit die Ernennung des Gemeinde-Vorstehers, jedoch unbedingt
nur aus den angesessenen Gemeindegliedern und längstens für eine
Dauer von drei Jahren, zu. Dasselbe findet statt, wenn die Gemeinde oder die Gemeinde-Verordneten die Wahl verweigern.

Will die Gemeinde ein nicht angesessenes Mitglied zum Vorsteher
wählen, so hat sie dazu vorher die Ermächtigung des Kreis-Ausschusses
einzuholen.

Die Amtszeit des Gemeinde-Vorstehers währt in der Regel sechs
Jahre. Derselbe kann aber auf Antrag der Gemeinde auch sofort
auf zwölf Jahre, später lebenslänglich gewählt werden.

Nach Ablauf der sechs- oder zwölfjährigen Amtszeit können die
Gemeinde-Vorsteher von Neuem für dieses Amt gewählt und von dem
Kreisausschuß bestätigt werden.

Nach der Bestätigung ist der Gemeinde-Vorsteher durch eine Gerichtsperson**) in Eid und Pflicht zu nehmen.

Ausgeschlossen von der Wahl in den Gemeinde-Vorstand sind außer

---

*) statt vom Landrath, cf. §. 21 Ländliche Polizei-Verfassung.
**) statt durch den Landrath.

4

den §. 38 Absatz 4 1—5 genannten Beamten nur Geistliche, Lehrer an öffentlichen Schulen und Mitglieder des Richterstandes, zu denen indeß Mitglieder von Handels- und Gewerbegerichten nicht gehören.

§. 40.

Nach einer dreijährigen und bei einer Ernennung auf zwölf Jahre, ebenso nach einer sechsjährigen und nach einer neunjährigen Amtsführung ist jeder Gemeinde-Vorsteher befugt, sein Amt niederzulegen.

§. 41.

Jedes Gemeinde-Mitglied ist im Falle der Ernennung zum Gemeinde-Vorsteher verpflichtet, dieses Amt zu übernehmen, sofern ihm nicht einer der im §. 38 bezeichneten Entschuldigungsgründe zur Seite steht.

Wer mindestens drei Jahre hintereinander das Vorsteher-Amt bekleidet hat, ist auch, abgesehen von diesen Entschuldigungsgründen, während der nächstfolgenden drei Jahre berechtigt, seine Ernennung zum Gemeinde-Vorsteher abzulehnen.

Im Falle einer nicht gerechtfertigten Ablehnung kommen die Bestimmungen des §. 38 zur Anwendung.

§. 42.

Die Besitzer der ehemaligen Lehn- und Erbschulzengüter (Erbrichter- oder Freischulzen-Güter, Erbscholtiseien, rittermäßige Erbscholtiseien) sind verpflichtet, das Amt des Gemeinde-Vorstehers unentgeltlich zu verwalten, wenn sie nach §. 39 dazu gewählt und bestätigt werden.

Weigert sich der Besitzer eines Lehn- oder Erbschulzengutes das Vorsteheramt zu verwalten, so ist er verpflichtet, dem in diesem Falle nach §. 39 aus der Zahl der übrigen Gemeinde-Mitglieder bestellten Gemeinde-Vorsteher für die Dauer seiner Amtszeit eine billige Entschädigung zu gewähren, welche auf den Bericht des Kreisausschusses von der Regierung festgesetzt wird, nachdem der Besitzer des in Rede stehenden Gutes, die Gemeinde-Versammlung und die Polizei-Obrigkeit über den Betrag derselben gehört worden. Dasselbe findet statt, wenn die Gemeinde-Versammlung, oder der Kreisausschuß, den Besitzer des Lehn- oder Erbschulzengutes zur Verwaltung des Vorsteher-Amtes nicht für befähigt erachten und der Mangel der Befähigung, falls der Betheiligte ihn bestreitet, von der Regierung anerkannt wird. Die Entscheidung der Regierung muß in diesem Falle herbeigeführt werden, bevor die Gemeinde-Versammlung ihr Wahlrecht ausübt.

Wenn der Besitzer des Lehn- oder Erbschulzengutes zur Verwaltung des Vorsteher-Amtes bereit und befähigt ist, dessenungeachtet
aber für dasselbe ein anderes Gemeinde-Mitglied von der Gemeinde-
Versammlung gewählt und vom Kreisausschuß bestätigt wird, so hat
die Gemeinde die für die Verwaltung des Amtes zu gewährende Remuneration aufzubringen (§. 45).

Hat der Kreisausschuß gegen die Befähigung des Besitzers des
Lehn- oder Erbschulzengutes kein Bedenken erhoben, bevor er die Gemeinde-Versammlung zur Ausübung ihres Wahlrechts aufforderte, so
ist er, sofern er weder der ersten noch der zweiten Wahl der Gemeinde-Versammlung die Bestätigung ertheilt, nicht befugt, ein anderes
Gemeinde-Mitglied, als den Besitzer des Lehn- oder Erbschulzengutes
zum Gemeinde-Vorsteher zu ernennen.

Die Besitzer der Lehn- oder Erbschulzengüter sind berechtigt, auf
Ablösung der ihnen obliegenden Verpflichtung zur Verwaltung des
Vorsteher-Amtes anzutragen. Der Jahreswerth dieser Verpflichtung
wird, nachdem der Besitzer des Lehn- oder Erbschulzengutes, die Gemeinde-Versammlung, die Polizei-Obrigkeit und der Kreistag darüber·
gehört worden, auf den Bericht des Kreisausschusses von der Regierung festgestellt.

Die festgesetzte Jahresrente, oder im Fall der Ablösung (§. 8)
der Ertrag des pupillarisch sicher, oder durch Ankauf von Grundstücken anzulegenden Ablösungs-Kapitals, ist von der Gemeinde zu der
nach §. 45 festzusetzenden Remuneration des Gemeinde-Vorstehers zu
verwenden.

§. 43.

Die Bestellung der Schöffen erfolgt nach denselben Bestimmungen, wie die der Gemeinde-Vorsteher.

§. 44.

bb. Stellung des Gemeinde-Vorstehers.

Der Gemeinde-Vorsteher steht an der Spitze der Gemeinde-Verwaltung und hat deren Bestes überall wahrzunehmen, und in der Gemeinde auf Ordnung und Befolgung der Gesetze zu halten.

Die Unterbeamten der Gemeinde bestellt er auf Kündigung, nachdem die Gemeinde-Versammlung darüber gehört ist. Er ist verpflichtet, diese Beamten, sowie die Ortserheber (§. 47), zu beaufsichtigen,
und befugt, denselben Warnungen und Verweise zu ertheilen, auch

4*

Ordnungsstrafen bis zum Betrage von Einem Thaler gegen sie fest=
zusetzen.

Auch gegen andere Einwohner der Gemeinde, welche seinen amt=
lichen Anordnungen die gebührende Folgeleistung verweigern, kann der
Gemeinde=Vorsteher Geldstrafen bis zu Einem Thaler nach vorgängi=
ger Androhung verfügen. Beiderlei Geldstrafen können nöthigenfalls
exekutivisch eingezogen werden und fließen zur Gemeindekasse. Wenn
Geldstrafen der letzteren Art nicht beizutreiben sind, so sind dieselben
in angemessene Gefängnißhaft umzuwandeln.

Beleidigungen und Widersetzlichkeiten gegen den Gemeinde=Vor=
steher bei Ausübung seines Amtes ziehen dieselbe Ahndung nach sich,
als wenn sie gegen einen vom Staate bestellten Beamten verübt wären.

Sind Personen nicht zum Dienste der Gemeinde überhaupt, son=
dern nur einzelner Klassen von Gemeinde=Mitgliedern oder besonderer
Societäten bestimmt, so ist es allein deren Sache, dieselben anzuneh=
men, zu remuneriren und zu entlassen.

§. 45.
cc. Remuneration des Gemeinde=Vorstehers.

Die Remuneration des Gemeinde=Vorstehers und der Schöffen
wird durch die Orts=Verfassung bestimmt. Wenn dieselbe keine den
Verhältnissen entsprechende oder ausreichende Bestimmungen an die
Hand giebt, so finden folgende Grundsätze Anwendung:

Der Gemeinde=Vorsteher hat Anspruch auf Ersatz seiner baaren
Auslagen und auf die Gewährung einer, mit seinen amtlichen Müh=
waltungen im billigen Verhältniß stehenden Entschädigung, deren Be=
trag beim Mangel einer gütlichen Einigung nach Vernehmung der
Gemeinde=Versammlung und der Polizei=Obrigkeit, auf das Gutachten
des Kreis=Ausschusses, von der Regierung festgestellt wird.

Die Schöffen haben ihr Amt in der Regel unentgeltlich zu ver=
walten und nur auf den Ersatz baarer Auslagen Anspruch.

Den Gemeinde=Vorstehern so wenig wie den Schöffen ist gestattet,
für die Amtsgeschäfte, welche ihnen in ihrer Eigenschaft als Verwal=
tungs=, Polizei= und Gemeinde=Beamte obliegen, Gebühren von ein=
zelnen Betheiligten oder aus der Gemeinde=Kasse zu erheben, wenn
nicht hierzu die Berechtigung durch ein Gesetz speziell beigelegt ist.

Die Gemeinde=Vorsteher erhalten keine Pension.

§. 46.
d. Gemeindeschreiber.

Wo das Amt eines Gemeindeschreibers (Gerichtsschreibers) nach Gesetz oder Herkommen besteht, oder die Anstellung eines solchen von der Gemeinde-Versammlung beschlossen wird, ist derselbe nach Anhörung der Gemeinde-Versammlung vom Gemeinde-Vorsteher zu ernennen und nach Vernehmung der Polizei-Obrigkeit von dem Kreis-Ausschuß zu bestätigen und durch einen Richter zu vereidigen.

§. 47.
e. Ortserheber.

Die Gemeinde-Versammlung wählt den Gemeinde-Einnehmer und Orts-Steuererheber. Beide Aemter können von ein und derselben Person versehen, oder auf verschiedene Personen übertragen, dürfen jedoch von dem Gemeinde-Vorsteher, oder einem Schöffen, nur mit Genehmigung der Polizei-Obrigkeit und des Kreis-Ausschusses übernommen werden.

§. 48.
C. Gemeinde-Haushalt.

Der Gemeinde-Haushalt umfaßt die Verwaltung aller Angelegenheiten, welche sich auf Einnahmen und Ausgaben, sowie auf das Vermögen der Gemeinde, einschließlich der für Gemeindezwecke zu leistenden Natural-Prästationen, Dienste und Abgaben beziehen.

§. 49.

Die Verwaltung des Gemeinde-Haushaltes steht dem Gemeinde-Vorsteher zu; der von der Gemeinde bestellte Erheber (§. 47) steht unter dessen unmittelbarer Leitung und Aufsicht.

§. 50.

Für Gegenstände des Gemeinde-Haushaltes, welche eine fortlaufende Verwaltung erfordern, können beständige, aus dem Gemeinde-Vorsteher und aus Schöffen, sowie aus stimmberechtigten Mitgliedern der Gemeinde bestehende Vorstände oder Deputationen gebildet werden. Der Gemeinde-Vorsteher hat in ihnen den Vorsitz zu führen; auch stehen dieselben unter seiner allgemeinen Leitung.

§. 51.

Alle Gemeinde-Einkünfte müssen zur Gemeindekasse fließen; sie dürfen zu keinem anderen Zwecke als zur Deckung der Gemeinde-Bedürfnisse verwendet werden.

§. 52.

Die Gemeinde-Versammlung beschließt über die Benutzung des Gemeinde-Vermögens; es bleiben dabei jedoch die Vorschriften der Deklaration vom 26. Juli 1847 (Ges.-Samml. S. 327) in Betreff des nutzbaren Gemeinde-Vermögens maßgebend.

Die Gemeinde kann jedoch unter Genehmigung der Regierung die Verwendung der Nutzungen vom Gemeindeglieder-Vermögen (§§. 1 Absatz 2 u. folg. der Deklaration vom 26. Juli 1847) zur Deckung der Gemeinde-Bedürfnisse beschließen, wenn weder die Einkünfte aus dem Gemeinde-Vermögen, noch die bisher üblichen Gemeinde-Abgaben ausreichen, um das Kommunal-Bedürfniß zu bestreiten, und deshalb zur Erhöhung der Abgaben geschritten werden müßte.

Ueber Gegenstände, welche ein von dem Interesse der Gemeinde als Korporation verschiedenes gemeinsames (Societäts-) Interesse betreffen, gebührt die Beschlußnahme nicht der Gemeinde-Versammlung, sondern den Interessenten (Societäts-Genossen).

In Ansehung der Verwaltung und Verwendung des Vermögens der Stiftungen bewendet es bei den stiftungsmäßigen Bestimmungen.

§. 53.

Streitigkeiten über die Theilnahme an Gemeinde-Nutzungen werden, soweit sie nicht auf einen speziellen Rechtstitel sich gründen, im Verwaltungswege durch die Regierung entschieden.

§. 54.

Durch Beschluß der Gemeinde kann die Theilnahme an den Gemeinde-Nutzungen (Bürgervermögen) von der Entrichtung einer jährlichen Abgabe und anstatt oder neben derselben von Entrichtung eines Einkaufsgeldes abhängig gemacht werden, durch deren Entrichtung aber die Ausübung des Gemeinde-Rechts niemals bedingt wird.

Derartige Beschlüsse der Gemeinde-Versammlung bedürfen der Genehmigung der Regierung.

§. 55.

In Ansehung der Theilnahme der einzelnen Gemeindeglieder oder gewisser Klassen derselben an den Nutzungen des Gemeinde-Vermögens wird, abgesehen von der im §. 52 enthaltenen Beschränkung, in den bestehenden Rechtsverhältnissen durch die Bestimmungen der §§. 52 bis 54 nichts geändert.

§. 56.

Um die durch das Bedürfniß oder die Verpflichtung der Gemeinde erforderlichen Geldmittel zu beschaffen, können bei dem Mangel hinreichender Einkünfte aus dem Gemeinde-Vermögen, von der Gemeinde-Versammlung Umlagen beschlossen werden.

Wer in einer Gemeinde Grundbesitz hat oder ein stehendes Gewerbe betreibt, aber nicht in der Gemeinde wohnt, ist nur verpflichtet, an denjenigen Lasten Theil zu nehmen, welche auf den Grundbesitz oder auf das Gewerbe oder auf das aus diesen Quellen fließende Einkommen gelegt sind.

Unangesessene nicht stimmberechtigte Einwohner (§. 9 IV. d. 3) sind nur zu solchen Gemeinde-Ausgaben, von denen sie einen besonderen Vortheil haben, beitragspflichtig, wenn zu deren Bestreitung eigene Gemeinde-Abgaben erhoben werden.

Dergleichen Einwohner müssen alsdann aber auch für Fälle dieser Art an den Berathungen und Beschlüssen der Gemeindeversammlung durch von ihnen zu wählende Vertreter Theil nehmen.

Bedürfnisse, welche nur im Interesse einzelner Klassen nothwendig werden, sind nur von diesen aufzubringen und gehören nicht in den Gemeinde-Haushalt.

§. 57.

Wenn über den Maßstab der Vertheilung der Gemeinde-Umlagen die bestehende Orts-Verfassung, vorhandene Verträge, hergebrachte Gewohnheit, oder rechtsgültige Gemeinde-Beschlüsse, keinen sicheren oder keinen angemessenen Anhalt gewähren, so kann von der Gemeinde-Versammlung mit Genehmigung der Regierung ein neuer Maßstab beschlossen, auch von der letztern auf Anlaß von Beschwerden, und wenn ein wiederholentlich darüber herbeigeführter Gemeindebeschluß sich nicht zur Genehmigung eignet, auf den gutachtlichen Bericht des Kreisausschusses angeordnet werden.

Für den neu zu regulirenden Vertheilungs-Maßstab soll der Grundsatz leitend sein, daß die größere Theilnahme an den Rechten der Gemeinden, insbesondere an dem Stimm- und Wahlrechte, auch die größere Theilnahme an den Lasten der Gemeinden bedingt.

Bei Zuschlägen zur Staats-Einkommensteuer muß jedenfalls das Einkommen aus dem außerhalb des Gemeindebezirks belegenen Grundbesitz außer Berechnung bleiben.

§. 58.

Wo bisher Hand- und Spanndienste üblich waren, müssen die-selben, solange nicht etwas Anderes beschlossen wird, nach Maßgabe der Ortsverfassung ferner unentgeltlich geleistet werden, auch wenn der Fall der Unzulänglichkeit des Gemeinde-Vermögens (§. 56) nicht vorliegt.

Die Gemeinde-Versammlung kann jedoch beschließen, daß die bis-her üblichen Hand- und Spanndienste für Rechnung der Gemeinde be-schafft, und die Kosten nach dem üblichen Maßstab der baaren Beiträge auf die Verpflichteten vertheilt werden.

Dagegen kann die Leistung von solchen Diensten (Hand- und Spanndiensten), welche nicht in kunst- und handwerksmäßigen Arbei-ten bestehen, auch den Gemeinde-Angehörigen neu aufgelegt werden, wenn dies für das Gemeindebedürfniß nöthig ist, und von der Ge-meinde-Versammlung beschlossen oder nach Anhörung des Kreis-ausschusses von der Regierung angeordnet wird.

Gemeindeglieder, welche die ihnen obliegenden persönlichen Lei-stungen nicht selbst verrichten können oder wollen, sind verpflichtet, rechtzeitig taugliche Stellvertreter zu bestellen, widrigenfalls sie zur Zahlung des Geldwerths der Dienste angehalten werden können. Ob der Vertreter als tauglich anzusehen sei, hat der Gemeinde-Vorsteher zu entscheiden.

§. 59.

Nähere Bestimmungen über die Aufbringung der Gemeinde-Ab-gaben und die Leistung der Gemeindedienste bleiben den Ortsstatuten, beziehungsweise der Ergänzung der Ortsverfassung auf dem im §. 5 vorgeschriebenen Wege vorbehalten; dabei ist namentlich zu bestimmen, welche Gemeindeglieder Spanndienste und welche Handdienste oder Beides zu leisten haben.

§. 60.

Eine freiwillige Veräußerung von Gemeinde-Grundstücken und solchen Gerechtsamen, welche jenen gesetzlich gleichgestellt sind, darf in der Regel nur im Wege des öffentlichen Meistgebots auf Grund einer Taxe vorgenommen werden.

Zur Gültigkeit einer solchen Veräußerung ist erforderlich:

1) eine einmalige Bekanntmachung des zu veräußernden Gegen-standes und des Bietungstermins durch das Kreisblatt, oder

wo ein solches nicht besteht, durch das Amtsblatt des Regierungsbezirks,

2) eine Frist von 6 Wochen zwischen der Bekanntmachung und
dem Bietungstermin,

3) die Abhaltung des Bietungstermins durch eine Justizperson
oder den Gemeinde-Vorsteher,

4) die Ertheilung des Zuschlags durch die Gemeinde-Versammlung und

5) die Genehmigung der Regierung.

In besonderen Fällen kann die Regierung auch den Verkauf aus
freier Hand, sowie einen Tausch gestatten, sobald sie sich überzeugt,
daß der Vortheil der Gemeinde dadurch gefördert wird.

§. 61.

Die Genehmigung der Regierung ist ebenfalls erforderlich:

a) zu jeder auf einem lästigen Titel beruhenden Erwerbung
von Grundstücken,

b) zu Veränderungen in dem Genusse von Gemeindenutzungen
(Wald, Haide, Weide, Torfstich u. dergl.)

c) zu jeder Aufnahme von Anleihen, durch welche die Gemeinde
mit einem Schuldenbestande belastet oder der bereits vorhandene vergrößert wird,

d) zu Abweichungen von einem genehmigten Verzinsungs- und
Tilgungsplan,

e) zu Veräußerungen oder wesentlichen Veränderungen von
Sachen, welche einen besonderen wissenschaftlichen, historischen oder Kunstwerth haben.

Die Genehmigung zur Aufnahme von Anleihen der unter c. bezeichneten Art soll nur dann ertheilt werden, wenn zugleich ein angemessener Verzinsungs- und Tilgungs-Plan vorgelegt wird.

§. 62.

In den in den §§. 60 und 61 bezeichneten Fällen muß der
Kreisausschuß vor der Entscheidung der Regierung mit seinem Gutachten gehört werden.

§. 63.

Für die Hypothekenbehörde genügt die Beibringung der Genehmigung der Regierung zum Nachweise, daß den Vorschriften der §§. 60
bis 62 genügt ist.

§. 64.

Gemeinde=Waldungen sind auch fernerhin dieser Bestimmung zu erhalten. Eine Verwandlung derselben in Acker oder Wiese kann nur mit Genehmigung der Regierung vorgenommen werden.

Die wegen Behandlung der Gemeinde=Waldungen für einzelne Landestheile erlassenen Gesetze und Bestimmungen bleiben in Kraft.

§. 65.

Inwiefern für den Haushalt der Gemeinde Etats aufgestellt werden sollen, bleibt zwar im Allgemeinen deren eigenem Beschluß überlassen, doch kann auf den Bericht des Kreisausschusses die An= fertigung eines Haushalts=Etats von der Regierung angeordnet wer= den, wenn nach deren Ermessen Unordnungen und Verwirrungen in der Verwaltung des Gemeinde=Haushalts es nöthig machen.

Die Etats sind in der Regel auf 3 Jahre von dem Gemeinde= Vorsteher anzulegen, demnächst von der Gemeinde=Versammlung fest= zustellen.

§. 66.

Die Anfertigung der Rechnung erfolgt durch den Gemeinde=Vor= steher unter Zuziehung des Gemeinde=Erhebers für jedes einzelne Kalenderjahr. Dieselbe wird hierauf in Gemeinden, in welchen keine Gemeinde=Verordneten=Versammlung besteht, durch einige zu diesem Behufe gewählte Gemeinde=Mitglieder (Rechnungs=Deputirte), in den übrigen Gemeinden dagegen von der Gemeinde=Verordneten=Versamm= lung geprüft und, sobald die bei dieser Prüfung etwa erhobenen Er= innerungen erledigt sind, in dem ersten Falle von den Rechnungs= Deputirten, in dem zweiten Falle aber von den Mitgliedern der Gemeinde=Verordneten=Versammlung vollzogen.

In Gemeinden, wo eine Gemeinde=Verordneten=Versammlung nicht gebildet ist, wird demnächst auch noch die Rechnung in einer Ge= meinde=Versammlung vorgelesen.

Ueber die Rechnung des nächstvorhergehenden Jahres wird von den Gemeinde=Verordneten oder der Gemeinde=Versammlung Decharge ertheilt und hiervon dem Kreis=Ausschuß Anzeige gemacht. Die Ge= meinde=Versammlung ist befugt, der Rechnungs=Deputation die Entschei= dung über die Rechnung und die Ertheilung der Decharge zu übertragen.

§. 67.

Die Gemeinde=Abgaben, einschließlich der etwa statt der Dienste

auferlegten Geldbeiträge (§. 58) sowie die Abgaben für die Theilnahme an Nutzungen und besonderen Vortheilen (§. 54) und die sonstigen Gemeinde-Gefälle sind durch den Erheber einzuziehen, und werden von den Säumigen im Steuer-Exekutionswege beigetrieben.

Wenn die Leistung von Gemeinde-Diensten (§§. 58 und 59) von
dem Verpflichteten verweigert, verabsäumt oder unvollständig bewirkt
wird, so kann der Gemeinde-Vorsteher mit Ordnungsstrafen bis zum
Betrage von Einem Thaler denselben dazu anhalten, oder auch den
Dienst für dessen Rechnung leisten lassen und die hierdurch entstehenden
Kosten im Steuer-Exekutionswege beitreiben.

§. 68.
IV. Selbstständige Guts-Bezirke.

Für den Bereich der selbstständigen Guts-Bezirke (Waldgrundstücke) haben deren Besitzer und, auf Feststellung der Regierung nach
Anhörung der Betheiligten und des Kreistages, antheilig auch die
übrigen innerhalb des Guts-Bezirks (Waldgrundstücks) befindlichen
selbstständigen Einwohner, die Pflichten zu übernehmen und die Lasten
zu tragen, welche das Gesetz und die Landesverfassung im öffentlichen
Interesse den Gemeinden auferlegt.

Die Rechte der Grundbesitzer, welche mit der Befreiung von solchen Lasten angesetzt worden sind, oder sonst durch einen speziellen
Rechtstitel eine solche Befreiung erlangt haben, dürfen hiernach nicht
gekränkt werden, solange nicht eine Ablösung der Befreiungen nach
Maßgabe des §. 8' bewirkt ist.

§. 69.

Die Besitzer solcher Guts-Bezirke sind, sofern sie innerhalb derselben wohnen, insbesondere auch verbunden, die in den Landgemeinden den Gemeinde-Vorstehern obliegenden Geschäfte insoweit unentgeltlich zu übernehmen und zu besorgen, als dergleichen Geschäfte auch
in Ansehung der selbstständigen Guts-Bezirke und ihrer Einwohner zu
erledigen sind.

Sind sie davon durch dauernde Abwesenheit oder Krankheit ver-
hindert oder deshalb nicht dazu geeignet, weil sie juristische Personen
oder Frauen sind oder unter Vormundschaft stehen, so ist ihnen, beziehungsweise den Vormündern, gestattet, einen qualifizirten Vertreter
auf ihre Kosten zu bestellen.

Der Vertreter muß von dem Kreisausschusse genehmigt und durch

eine Gerichtsperson verpflichtet werden und diejenigen Eigenschaften besitzen, welche der §. 11 von den Vertretern eines außerhalb des Ge-
meinde-Bezirks wohnenden Stimmberechtigten verlangt.

§. 70.

Lehnt der Besitzer eines selbstständigen Guts-Bezirks ohne einen
der im §. 69 bezeichneten Gründe die Uebernahme der Geschäfte des
Vorstehers ab oder ist er wegen des mangelnden Vollbesitzes der bürgerlichen und staatsbürgerlichen Rechte oder aus anderen Gründen zur
Verwaltung dieser Geschäfte nicht geeignet, so hat der Kreisausschuß
einstweilen einen Stellvertreter auf seine Kosten zu ernennen. Es kann
dazu der Vorsteher einer benachbarten Gemeinde ernannt werden.

§. 71.

Der Vorsteher eines Guts-Bezirks, beziehungsweise dessen Stellvertreter, hat im Allgemeinen dieselben Verpflichtungen und Befugnisse
in Bezug auf diesen Bezirk und dessen Einwohner, wie der Vorsteher
einer Gemeinde.

§. 72.

V. Bildung von Sammtgemeinden.

Einzelne Gemeinden oder Gutsbezirke, die für sich allein den
Zwecken des Gemeindeverbandes nicht entsprechen, können sich mit
anderen benachbarten Gemeinden und Gutsbezirken zu einer Sammtgemeinde vereinigen.

§. 73.

Was bei dieser Bildung einer Sammtgemeinde zu den gemeinsamen Angelegenheiten derselben zu rechnen ist, bleibt den, auf den
Bericht des Kreisausschusses von der Regierung zu bestätigenden Beschlüssen und Vereinbarungen der einzelnen Gemeinden
und Gutsbezirke vorbehalten. Streitigkeiten über die gegenseitigen
Beitragsverhältnisse entscheidet die Regierung unter Berücksichtigung
der Steuerkraft und der Leistungen für den Verband nach Vernehmung
der Betheiligten, bez. ihrer Vertretungen auf das erstattete Gutachten
des Kreisausschusses.

§. 74.

Zur Vertretung der gemeinsamen Angelegenheiten ist ein Sammtgemeinderath zu bestellen, zu welchem jede einzelne Gemeinde wenigstens
ein Mitglied, stärker bevölkerte Gemeinden mehrere Mitglieder, nach

Anordnung des Kreisausschusses und Entscheidung der Regierung, wählen und die einzelnen Gutsbezirke je einen Vertreter entsenden.

§. 75.

Behufs Verwaltung der gemeinsamen Angelegenheiten wählt der Sammtgemeinderath einen Vorsteher und zur Unterstützung, wie für Behinderungsfälle desselben zwei Beigeordnete aus seiner Mitte. Wegen deren Stellung, Rechte und Pflichten, wegen ihrer Wahl, sowie der Wahl der Mitglieder des Sammtgemeinderaths seitens der einzelnen Gemeinden, gelten die für letztere gegebenen Vorschriften.

§. 76.

Die bereits bestehenden oder noch zu treffenden Vereinigungen mehrerer Gemeinden und Gutsbezirke für einzelne bestimmte Zwecke und Gegenstände im öffentlichen oder Gemeinde-Interesse werden durch obige Bestimmungen (§§. 72 bis 75) nicht betroffen.

§. 77.

VI. Aufsicht über die Gemeinde-Verwaltung und die Verwaltung der Kommunal-Angelegenheiten in den selbstständigen Guts-Bezirken.

Die unmittelbare Aufsicht über die Gemeinde-Verwaltung und über die Verwaltung gemeinsamer Kommunal-Angelegenheiten in den selbstständigen Guts-Bezirken hat die Polizei-Obrigkeit unter Leitung und Kontrole des Kreisausschusses zu führen.

Die Oberaufsicht des Staats über die Gemeinden und die selbstständigen Guts-Bezirke wird durch die Regierung, vorbehaltlich des Rekurses an die vorgesetzten Behörden, ausgeübt.

§. 78.

VII. Allgemeine Bestimmungen.

Landgemeinden, in denen sich ein überwiegend städtisches Leben ausgebildet hat, kann auf Antrag der Gemeinde und nach Anhörung des Kreistages die Städte-Ordnung für die sechs östlichen Provinzen der Monarchie von Uns verliehen werden, nachdem die Gemeinde auf dem durch die Provinzial-Verfassung bezeichneten Wege in den Stand der Städte aufgenommen worden ist.

§. 79.

Alle bisherigen allgemeinen und besonderen Bestimmungen über Gegenstände, worüber das gegenwärtige Gesetz verfügt, werden hierdurch außer Kraft gesetzt.

§. 80.

Der Minister des Innern hat die zur Ausführung dieses Gesetzes erforderlichen Anordnungen und Instruktionen zu erlassen.

Urkundlich ꝛc.

Inhalts-Ueberſicht.

Berlin, Druck von Gebr. Unger (C. Unger), Königl. Hofbuchdrucker.